아웃풋

# 아웃풋

| | |
|---|---|
| 발행일 | 2025년 4월 7일 |

| | | | |
|---|---|---|---|
| 지은이 | 강단교, 김은진, 김체원, 다감, 박혜연, 빛소영, 샤인영, 송진호, 정주연, 최유라 | | |
| 펴낸이 | 손형국 | | |
| 펴낸곳 | (주)북랩 | | |
| 편집인 | 선일영 | 편집 | 김현아, 배진용, 김다빈, 김부경 |
| 디자인 | 이현수, 김민하, 임진형, 안유경 | 제작 | 박기성, 구성우, 이창영, 배상진 |
| 마케팅 | 김회란, 박진관 | | |
| 출판등록 | 2004. 12. 1(제2012-000051호) | | |
| 주소 | 서울특별시 금천구 가산디지털 1로 168, 우림라이온스밸리 B동 B111호, B113~115호 | | |
| 홈페이지 | www.book.co.kr | | |
| 전화번호 | (02)2026-5777 | 팩스 | (02)3159-9637 |

| | | |
|---|---|---|
| ISBN | 979-11-7224-561-0 03190 (종이책) | 979-11-7224-562-7 05190 (전자책) |

**(주)북랩** 성공출판의 파트너

북랩 홈페이지와 패밀리 사이트에서 다양한 출판 솔루션을 만나 보세요!

**홈페이지** book.co.kr    •    **블로그** blog.naver.com/essaybook    •    **출판문의** text@book.co.kr

**작가 연락처 문의 ▶ ask.book.co.kr**

작가 연락처는 개인정보이므로 북랩에서 알려드릴 수 없습니다.

인생을 바꾸는 결정적 힘

아웃풋
OUTPUT

강단교
김은진
김체원
다 감
박혜연
빛소영
샤인영
송진호
정주연
최유라

내면이 성장하는 과정은 천연 발효 빵을 만드는 것과 닮았다. 천연 발효 빵을 만들기 위해서는 먼저 '르방'이라는 효모를 키워야 한다. 르방은 밀가루와 물 그리고 자연 속 미생물이 만나 시간이 흐르며 발효를 시작한다. 처음에는 그저 밀가루와 물을 섞은 것에 지나지 않지만, 시간이 지나면서 미생물이 활동을 시작하고, 점점 깊은 풍미와 독특한 향을 만들어 낸다. 르방을 키우기 위해서는 매일 아침저녁 같은 시간에 밀가루와 물을 더하며 정성껏 돌봐야 한다. 최소 2주 이상, 같은 온도를 유지하며 키워야 빵을 만들 수 있는 효모가 생긴다. 르방은 오래될수록 빵에 깊은 풍미를 더한다. 장인들은 르방을 10년, 20년 이상 자식처럼 소중히 키워 간다. 잘 만들어진 르방을 반죽에 넣어야 구수한 향과 깊은 풍미를 지닌 빵을 만들 수 있다.

아웃풋을 통한 성장도 이와 같다고 생각한다. 내면에서 일어나는 변화는 당장 눈에 보이지 않지만, 노력을 꾸준히 쌓아 가는 과정에서 서서히 누적된다. 시간이 흐르고 나서야 그 변화의 진가를 실감할 수 있다. 성과가 바로 나타나지 않더라도 조급해하지 않아야 한다. 시간이 걸리는 일이라는 것을 인식해야 지치지 않는다. 더 나은 내가 되고 싶다면 기다릴 줄도 알아야 한다.

한때는 눈에 보이는 결과에 집중했다. 단숨에 성공하고 싶었고, 성과가 보이지 않으면 초조해졌다. 성공과 실패를 반복하며 깨달았다. 내면이 충분히 단단해져야 의미 있는 성과를 낼 수 있다. 성장은 겉으로 드러나지 않는 작은 변화를 통해 소리 없이 다가와 한 계단 높은 곳으로 데려다 놓는다. 조급해할 필요 없다. 인내심을 가지고 한 걸음씩 내디디면 된다.

아웃풋을 내는 과정에서 가장 중요한 것은 '나만의 속도'를 인정하고 멈추지 않는 것이다. 우리는 종종 남들과 비교하며 재능을 탓하고, 상황을 탓하기도 한다. 빵을 만드는 과정에서 발효의 속도가 환경과 온도에 따라 다르듯, 우리의 성장 또한 개인마다 다른 과정과 시간이 필요하다. 남들이 정해 놓은 기준이 아니라, 내가 원하는 방향을 정하고 나만의 방식으로 나아가는 것이 중요하다. 눈에 보이는 성과뿐 아니라, 그 과정에서 얻은 내면의 변화 또한 아웃풋이라는 것을 기억해야 한다. 외부 환경이나 다른 사람에게 휘둘리지 않는 스스로 주도하는 삶으로 변화시키기 위한 과정이 필수다.

내면의 힘은 하루아침에 생기는 것이 아니다. 보이지 않는 곳에서 조금씩 단단해지는 시간이 필요하다. 반죽이 충분히 부풀기 위해서는 시간과 적절한 환경이 필요하듯, 우리도 성장하기 위해 인내하는 시간이 있어야 한다. 그 시간이 때로는 지루하고 힘들 수 있지만, 멈추지 않고 나아가는 것이 중요하다. 저온에서 천천히 발효된 빵이 보다 더 깊은 맛을 내듯 성장도 정성과 시간을 들여야 더욱 값진 것이 된다고 생각한다.

내가 생각하는 아웃풋이란 단순히 성과를 내는 외적 결과물이 아니다. 배우고, 작은 습관을 만들고, 실천하며 반복하는 과정에서 자신을 발견하고, 단단한 내면을 통해 성장하는 여정이다. 보이지 않는 노력의 순간들이 쌓여 의미 있는 결실로 이어진다. 중요한 것은 얼마나 빨리 성과를 내느냐가 아니라, 어떤 과정을 통해 자신을 발전시켜 나가는가이다. 내면이 단단해질 때 지속적인 성장이 가능하다. 보이는 성과에 연연하지 않고 자신에게 집중할 때 아웃풋은 우리의 노력과 방향성을 알려 주며, 무너졌을 때 한 걸음 앞으로 나아갈 힘을 준다.

우리는 모두 살아가면서 크고 작은 어려움을 겪는다. 넘어지지 않은 사람은 없다고 생각한다. 출산과 육아로 인해 일을 잠시 쉬어야 할 수도 있고, 사업이 실패해 모든 것을 잃을 수도 있다. 소중한 사람과의 이별로 삶의 의미를 잃기도 한다. 낙오자라는 생각에 자존감이 떨어질 때도 있다. 건강이 나빠져 모든 것을 포기하고 싶어질 때도 있다.

이 책에는 10명의 작가가 삶에서 마주한 어려움을 어떻게 극복했는지, 어떤 과정을 통해 내면을 단단하게 만들었는지, 어떤 변화를 이루었는지가 담겨 있다. 이 책이 당신이 스스로 믿고 성장할 용기를 얻는 데 도움이 되길 바란다. 다시 일어설 수 있는 힘은 이미 우리 안에 존재한다고 믿는다.

"나무는 뿌리가 깊어야 쓰러지지 않는다. 사람도 마찬가지다."
　– 공자



작가　강단교

정보가 넘쳐나는 시대다. 건강, 육아, 재테크 등 누구나 자신의 노하우를 공유하며 새로운 콘텐츠를 끊임없이 만들어 낸다. 우리는 세상에 뒤처질까, 아이를 잘못 키울까 불안한 마음에 밤새 인터넷과 단톡방을 들락거리며 끝없이 자료를 찾는다. 하지만 이렇게 모은 데이터가 삶을 바꿔 주진 않는다. 더 좋은 내용들이 매일 쏟아지고, 더 나은 방법들이 계속 연구된다. 나조차 예전에 저장한 자료를 다시 보지 못한 채 쌓아 두고만 있다.

지금 필요한 건 더 많은 인풋이 아니라 삶에 적용하는 아웃풋이다. 좋은 정보를 알아도 실천하지 않으면 의미가 없다. 읽은 내용을 행동으로 옮기고, 배운 것을 적용해야 내 것이 된다. 아웃풋을 통해 경험치를 쌓아야 변화할 수 있다.

공부를 잘하는 아이들은 단순히 읽고 끝내지 않는다. 배운 내용을 자기 말로 설명하고, 자신의 방식으로 정리하여 습득한다. 무엇을 알고, 무엇을 모르는지 스스로 점검한다. 이것이 바로 메타인지다.

삶에도 메타인지가 필요하다. 나를 이해하는 것이 먼저다. 내가 어떤 사람인지, 언제 행복하고, 어떨 때 스트레스를 받는지 알아야 한다. 자신을 모른 채 변화를 시도하면 방향을 잃기 쉽다. 타인의 기준에 휘둘리거나 남의 말에 쉽게 영향받을 수 있다. 학습 수준을 점검하듯 현재를 돌아보고, 나만의 기준을 세우는 것이 필요하다.

나침반 없는 배는 파도와 바람에 떠밀린다. 어디로 갈지 몰라 남들의 조언에 의존한다. 그들이 가는 곳을 무작정 따라가지만, 어디에 도착할지 알 수 없다. 반면, 나침반 있는 배는 원하는 목적지에 닿는다. 느릴 수 있지만 자신만의 속도로 나아간다. 파도가 몰아쳐도 방향을 잡고 목적지를 향해 전진한다. 그 나침반이 내면이다.

내면은 겉으로 드러나지 않은 속마음을 말한다. 사람의 생각, 감정, 가치관처럼 혼자서만 알고 있는 정신적 공간이다. 하지만 내면이 우리가 누구인지를 결정하고, 우리의 삶의 방향과 태도를 형성한다. 내면이 강한 사람은 어떤 상황에서도 최선을 선택한다. 스스로 중심을 잡고 행동하며, 불평과 불만 대신 해결책을 찾는다. 자신의 결정을 최고로 만들기 위해 할 수 있는 노력을 다한다.

내면이 단단해야 지속적으로 성장할 수 있다. 쉽고 빠른 길보다 어렵고 불편한 길을 선택하며 자신의 한계를 극복해 나간다. 실패를 과정으로 받아들이고, 끝까지 포기하지 않는다. 내면이 강해야 두려움 없이 시작할 수 있다. 완벽한 시작을 기다리는 대신, 과정을 거치며 수정하고 보완하는 데 집중한다.

이러한 내면의 힘은 아웃풋에서 나온다. 거창할 필요 없다. 작은 행동이면 충분하다. 변화를 만드는 건 매일의 실천이다. 많은 실패와 소소한 성취를 반복하며, 보이지 않는 힘이 길러진다. 시도하고 실패하며, 다시 도전하는 과정에서 성장한다. 지속해서 성장하기 위해서는 자신에게 맞는 아웃풋 방식을 찾아야 한다. 아웃풋이 일회성 도전이 아닌 습관이 되어야 원하는 삶을 살아갈 수 있다.

아웃풋은 성취감을 만든다. 아웃풋은 작은 성취가 쌓이면 자신에 대한 믿음이 커지고, 자존감과 자신감이 높아진다. 더 큰 도전으로 나아가는 힘이 생긴다.

변화는 단숨에 이루어지지 않는다. 때로는 결과가 눈앞에 보이지 않아 불안할 수 있다. 하지만 보이지 않는 곳에서 내면의 힘이 자라고 있다. 땅속에서 나무의 뿌리가 자라는 데 오랜 시간이 필요하듯, 우리도 성장하기 위해 충분한 시간이 필요하다. 준비된 만큼 성장하고 단단해진 만큼 멀리 나아갈 수 있다.

세상에 똑같은 사람은 없다. 각자의 기질과 환경이 다르기에 남과 비교하며 조급해할 필요도 없다. 나를 알고, 장점을 찾으며, 지금 필요한 것으로 아웃풋 해야 한다. 그래야 성장할 수 있고, 원하는 삶을 만들어 갈 수 있다.

이 책은 아웃풋으로 변화를 만든 열 명의 이야기를 담았다. 직장인, 공무원, 전업주부 등 각자의 방식으로 실천하며 성장한 경험을 전한다. 그들의 이야기가 당신의 삶에 변화를 도모하는 계기가 되기를 바란다.

행동하는 순간 변화는 시작된다. 처음에는 작은 한 걸음일지라도, 그 행동들이 쌓이면 단단하고 빛나는 자신을 만나게 될 것이다.


작가 정주연

# 지금부터 변화가 시작된다

"왜 열심히 살아도 변하지 않을까?"

매일 노력하지만 달라지지 않는 현실에 힘이 빠진다. 좋은 책을 읽고 감동적인 강연을 들어도 변화의 열망은 금세 식어 버린다. 성공한 사람들의 이야기에 감탄하며 '나도 할 수 있어!'라고 다짐하지만, 현실은 냉정하다. 반복되는 일상의 무게가 다시 어깨를 짓누른다. 노력했지만 결과가 없을 때의 허탈함. 밤늦게까지 무언가를 배우고 시도했지만, 제자리걸음일 때의 답답함. 한 번쯤은 해 보자고 마음먹었지만 끝내 포기했던 순간들. 나만 안 되는 걸까? 이런 생각에 지쳐 무너져 본 경험. 이런 좌절은 누구나 겪는다.

변화는 어렵다. 하지만 불가능한 건 아니다. 중요한 건 그 과정을 포기하지 않는 것이다. 변화는 작은 행동에서 시작된다. 많은 사람이 변화를 꿈꾸지만, 왜 쉽지 않을까? 핵심은 매일의 아웃풋

(Output)이다. 인풋(Input)은 독서, 강연, 공부 등 지식을 쌓는 과정이다. 지식을 얻는 단계는 필요하지만, 그것만으로는 충분하지 않다. 우리는 책을 읽고, 강의를 듣고, 다양한 정보를 습득하지만, 시간이 지나면 그 감동과 결심은 흐려진다. 반면 아웃풋은 다르다. 지식을 바탕으로 글을 쓰고, 행동하며, 실천하는 과정이다. 머릿속에만 머물던 생각을 밖으로 꺼낼 때 비로소 변화가 시작된다. 인풋은 내 안에 들어오는 정보지만, 아웃풋은 내 안의 생각과 감정을 세상에 표현하는 것이다. 그 과정에서 우리는 성장한다. 처음에는 서툴고 두렵지만, 작은 아웃풋이 모이면 결국 큰 변화를 만든다. 단순히 지식을 쌓는 데 그치지 않고 이를 실천으로 옮길 때 비로소 달라질 수 있다. 이 책이 강조하는 아웃풋은 바로 그런 의미다. 생각보다 중요한 건 행동이다. 그러나 우리는 종종 시도하기도 전에 두려움에 사로잡힌다. '실패하면 어떡하지?'라는 걱정이 마음을 무겁게 누르고, '이제 와서 시작해 봤자 너무 늦은 건 아닐까?'라는 의심이 용기를 앗아 간다. 이런 생각들은 마치 보이지 않는 쇠사슬처럼 우리를 붙잡아 움직이지 못하게 만든다. 아웃풋이 아무런 의미도 없을 것 같고, 애써 해 보더라도 결국 실패로 끝날 것 같아 포기하게 된다. 하지만 아웃풋은 성장을 향한 도전이자 두려움과 한계를 깨는 과정이다. 처음에는 보잘것없어 보일지 모르지만 아웃풋이 쌓이면 결국 큰 변화를 만든다. 변하지 못했던 이유는 게으르거나 능력이 부족해서가 아니다. 단지 방법을 몰랐을 뿐이다. 이제 방법을 알았다면 두려움을 이겨 내고 행동하자. 당신은 변할 수 있다.

〈빛소영 아웃풋 스쿨〉을 운영한 지 어느덧 5년, 특히 '자신업

(자신을 믿고 업그레이드하는 그룹 코칭)'의 지난 2년은 특별했다. 자신을 믿고 더 나은 삶을 향해 나아가는 과정은 정말 쉽지 않았다. 그러나 서로를 지지하며 응원하는 따뜻한 공동체가 있었기에, 멤버들은 포기하지 않고 앞으로 나아갈 수 있었다. 그 과정에서 나의 역할은 단순히 길을 안내하는 데 그치지 않았다. 각자가 자신의 내면에 숨겨 둔 가능성을 발견하도록 돕고, 그 가능성을 믿을 수 있게 이끌었다. 때로는 따뜻한 격려로, 때로는 도전적인 질문으로 멤버들이 자신의 한계를 뛰어넘게 했다. 작은 아웃풋 하나하나가 쌓이며, 그들은 점차 자신을 믿기 시작했다. 그리고 그 믿음은 삶의 여러 영역에서 놀라운 변화를 만들어 냈다. 더 이상 과거의 실패에 얽매이지 않고, 불확실한 미래 앞에서도 한 걸음씩 나아갔다. 이 과정을 지켜보며 확신하게 되었다. 누구나 자신의 가능성을 믿고 행동하기 시작하면, 삶은 반드시 달라진다는 사실을.

이 책에는 평범했던 자신업 멤버들이 인생을 바꾼 이야기가 담겨 있다. 누구나 겪는 고민과 좌절 속에서도 그들은 끝내 무너지지 않았다. 아니, 포기하고 싶었지만 포기하지 않는 법을 배웠다. 그 비밀은 바로 '아웃풋'이다.

"이거 내 이야기 같아. 나도 똑같이 느꼈는데."

책을 읽는 동안 당신은 수많은 문장에서 자신의 모습을 발견하게 될 것이다. 그리고 마지막 페이지를 덮을 때쯤, 이미 무언가를 시작하고 있을지 모른다. 변화는 거창한 계획이 아니다. 오늘의 작은 행동 하나가 인생을 바꾼다. 지금 할 수 있는 가장 작은 행동은 이 책을 읽는 것이다. 이제 선택의 순간이다. 머물 것인가, 나아갈 것인가. 지금, 변화는 이미 시작됐다.

2025년 3월
아웃풋 스쿨  빛소영 코치

# 차례

## 1장  조용한 혁신이 시작되다

## 2장  지식과 경험이라는 무기

## 3장  성과를 만드는 핵심 노하우

## 4장  내 안에 잠들어 있는 힘을 깨우다

# 1장

## 조용한 혁신이 시작되다

# 1-1.

# 삶의 전환점

강단교

"나가서 다 정리하고 들어와야겠어. 상황이 좋지 않아. 학교는 엄마가 알아볼게."

1997년 겨울, 한국 오기 전 환율이 1달러에 2,000원까지 오른 것이 유학생 사이에서 큰 이슈였다. 우리 집은 괜찮을 줄 알았다. 그만 놀고 공부해야겠다고 다짐했던 시기다. 호텔리어가 되고 싶어 전학 갈 학교를 알아보고, 입학 허가를 받아 학비까지 보냈다. 해외 보호자만 믿고 보호자 집으로 이삿짐만 보내 놓은 후 한국에 왔다.

보호자에게 사정을 설명하고 학비 환불 처리를 부탁했다. 보호자는 학교에서 규정상 돌려주지 못한다고 했다며 퉁명스레 말했다. 한두 푼도 아닌데, 전부 못 돌려준다는 게 말이 안 된다고 생각했다. 뉴스에서 떠드는 이야기, 집안 분위기. 어리둥절했지만 이것저것 따질 겨를이 없었다. 뉴질랜드행 비행기를 탔다. 학교에 사정을 설명하니 수수료를 제외한 학비를 돌려주었다. 두근거리는 가슴을 쓸어내리며 한국으로 송금한 뒤 통장을 없앴다. 꿈과 바꾼 송금표를 반듯하게 접어 가방 깊숙이 넣었다.

귀밑 1센티로 자른 머리에 새까만 염색을 했다. 눈이 작아 보여 쓰지 않던 안경을 쓰고 촌스러운 교복을 입었다. 진도를 따라갈 수 없어 한 학년 아래, 고등학교 2학년으로 입학했다. 소문은 금세 퍼졌고, 전교생이 구경하러 왔다. 동물원 원숭이가 된 기분이었다. 숨고 싶었다. 있는 듯 없는 듯 살기로 마음먹었다.

대학에 입학하고 새로운 환경에서 새롭게 시작하기로 했다. 걷는 시간도 아까워 수첩을 보며 중얼거리며 다녔다. 버스에서 예습하고 복습했다. 잘할 수 있을 것 같았고, 잘 해내리라 다짐했다. 1학년 여름 방학, 건강에 이상 신호가 왔다. 입맛도 없고, 어지러웠다. 특별한 치료 방법도 없다고 했다. 의사도 스트레스 때문인 것 같다고 추측할 뿐이다. 10kg이 빠졌다. 급하게 빠진 체중 때문에 방학 내내 기운이 없어 집 밖으로 나가지 않았다. 되살아나기 시작했던 의욕과 희망도 바람 빠진 풍선처럼 쪼그라들었다. 조금이라도 힘들다고 생각되는 일은 피하게 되었다.

안 터진다. 휴대 전화를 하늘로 치켜들고 높은 곳 여기저기 다녀 봐도 헛일이다. 요즘 어떤 세상인데 대한민국에 이런 곳이 있나 싶었다. 먼지가 풀풀 나는 비포장길로 30분이나 가야 한다. 엄마는 이곳이 마음에 든다고 하셨다. 아예 살기로 작정했는지 무쏘 차 키 하나 던져 주더니 필요한 것들을 사 오라며 불러 댔다. 자고 가라는 성화에 하루, 이틀, 머물다 보니 인터넷과 휴대 전화도 안 되는 산중 생활이 익숙해지기 시작했다. 시간이 지나자 2주 이상 산에 있을 수 있게 되었다.

서울 집을 정리하고 산속으로 들어와 집을 짓고 농업인이 되었다. 농업 관련 교육과 숲해설가 교육을 받으며 전국을 오갔다. 새로운 공부를 하는 것도, 새로운 사람들과의 만남도 즐거웠다. 농사도 의외로 적성에 맞는다고 생각했다. 서울에서 볼 수 없던 밤하늘을 가득 채운 별을 보는 것도 좋았다.

농가 민박을 시작했다. 주말과 빨간날이 사라졌다. 남들 놀 때 더 고되게 일해야 했다. 몇 없는 친구들의 결혼식, 아이 돌잔치에도 가 보지 못했다. 오랜만에 만난 친구들과는 거리가 느껴졌다. 남편, 아이 교육, 인테리어, 명품 이야기. 관심사가 달랐고, 생활도 달랐다. 온통 모르는 이야기뿐이었다. 반가운 마음도 잠시, 이내 그 자리가 불편해지기 시작했다. 집으로 돌아오는 차 안에서 하얀 얼굴들 사이 검게 탄 내 얼굴이 떠오르자, 눈살이 찌푸려졌다. 입을 꾹 다물고 고개를 가로저었다. 걔네 집 망해서 깡촌으로 이사 갔다고. 얼굴도 엉망이더라고. 시골 사는 티 팍팍 나더라며 흉볼 것만 같았다.

손님이 늘었다. 돈은 들어왔지만, 몸과 마음은 병들어 갔다. 밥 먹을 시간도 없었다. 헐레벌떡 청소를 마치고 밥상 차려 한 숟가락 입에 넣으려 하면, 꼭 손님이 왔다. 시도 때도 없이 필요한 게 있으면 문을 두드리는 손님들. 위층에서 들리는 발소리. 손님이 깨어 있는 시간에는 신경을 곤두세웠다. 불이 나거나 예상치 못한 일들이 생기면 어쩌나 가슴 졸였다. 편히 잠들 수 없었고, 깊은 잠을 잘 수도 없었다. 비 예보가 있으면 손님들 돈 내주고 취소시키자고 엄마에게 떼썼다. 이불만 봐도 어깨가 아프고 팔뚝이 저렸다. 산속에 들어오기로 한 걸 후회했다. '남들처럼 나도'라는 말을 달고 살았다. 평범하게 직장 다니며 남들 다 노는 주말에 친구들 만나고 데이트하고 싶었다. 늘어진 티셔츠에 헐렁한 바지를 입은 내 모습이 구질구질하고 초라해 보였다. 짜증을 가득 안고 어떻게든 웃으며 손님을 대해야 하는 상황도 견디기 힘들었다. 청소하고 빨래하고 숯불 피우느라 예쁜 옷 한번 못 입어 보고 내 인생 이렇게 끝나는 거 아닐까 억울했다.

"엄마 때문이야! 다 엄마 때문이라고!"

시간이 흐를수록 더 자주, 더 격하게 대들었다. 엄마 혼자서 모든 일을 감당할 수 없기에 모르는 체하고 나갈 수 없었다. 처음에는 이러지도 저러지도 못하는 상황 때문에 괴로워했다. 시간이 지나고 나선 나가더라도 적응하지 못할 뿐 아니라, 할 수 있는 일이 없다고 생각되니 스스로 한심하고 무능력해 보였다. 속마음을 숨긴 채 나 없으면 혼자 할 수 있을 것 같냐 큰소리쳤다. 나니까 산속에서 엄마 도와주며 산다고 효녀인 척 으스댔다. 불만은 겹겹이 쌓여 갔지만, 한편으로는 집에 남을 핑계가 있어 다행이라 생각했다.

8년 전 겨울, 경기도에 6평짜리 단기 월세를 얻었다. 주방, 냉장고, 텔레비전, 세탁기, 붙박이장. 작지만 있을 것 다 있었다. 신축이라 깔끔했고, 3개월 혼자 생활하는 데 문제없어 보였다. 그 누구도 방해하지 않는 나만의 공간이 생겼다. 새출발하는 기분이 들었다.

아줌마 같다. 살 좀 빼라. 꽁하게 묻어 두었던 친구의 말이 떠올라 요가학원과 헬스클럽에 등록하고 하루도 빠지지 않았다. 처음에는 몸이 마음대로 움직이지 않았지만, 하다 보니 점점 몸에 익었다. 잘하게 되니 더 잘하고 싶어졌다. 살을 빼야겠다는 생각으로 시작했지만, 그 과정을 즐기게 되었다.

타지살이가 끝날 때쯤, 구부정하던 어깨가 펴지고 살도 빠졌다. 아팠던 어깨와 팔뚝 통증도 거의 사라졌다. 아프지 않으니 산속 생활도 거뜬하게 해낼 수 있을 것 같았다. 늘어난 이삿짐을 싣고 돌아오며 겨울마다 도시로 나가 운동도 하고, 배우고 싶은 것들 배우며 에너지 충전해야겠다고 생각했다.

겨울마다 도시 생활 시작한 지 3년째 되던 해, 코로나19가 터졌다. 걸리면 안 된다는 생각에 등록해 놓은 헬스장이고 뭐고 내팽개치고 산속으로 도망치듯 들어왔다. 보건소 앞에 검사받기 위해 꽉 채운 사람들, 매일 발표되는 확진자 수. 상황이 잠잠해질 때까지 문을 닫기로 결정했다. 걱정과 근심을 키우며 은둔 생활을 시작했다.

우연히 도서 추천 영상을 보게 되었다. 인생을 바꿔 주는 책이라고, 꼭 읽어 보라고 했다. 솔깃해져 검색하니 추천해 준 책『더 해빙』으로 하루 10쪽씩 읽고 인증하는 온라인 독서 모임이 있었다. 용기 내 블로그 모집 글에 댓글을 달고 모임에 참여하게 되었다. 난생처음 책을 읽으며 독서 노트에 좋은 문장과 생각을 기록하기 시작했다.

독서 4개월 차. 독서 모임에서 소개해 준 자기 계발 오픈 채팅방에 들어갔다. 수백 명이 있었다. 눈이 번쩍 떠졌다. 처음 보는 온라인 강의가 수두룩하다. 너도나도 채팅방에 이름으로 줄 세우기를 하며 듣겠다 난리다. 별천지다. 이 강의 저 강의 기웃거렸다. 배우는 재미에 푹 빠져들었다. 같은 걸 배워도 남들보다 한참 느린 나를 발견하기까지 오래 걸리지 않았다. 자격지심이 슬슬 올라왔다. 소심한 성격에 200명이 넘는 사람이 활동하는 커뮤니티에 적응하는 것 자체도 쉽지 않았다. 이것저것 시키는 대로 따라 해 봤지만 수준 차이만 눈에 보여 속상했다.

침이 마르도록 칭찬한다. 제발 반만이라도 따라 하란다. 어떻게 하길래, 어떤 사람이길래, 왜 저렇게 칭찬하는지 궁금했다. 그 사람이 초보를 위한 프로그램을 만들었다는 소식을 듣고 바로 신청했다. 소수정예 프로그램이라 부족한 점은 바로바로 따라갈 수 있게 챙겨 주었다. 리더는 끊임없이 공부하고 참가자를 좋은 방향으로 이끌어 주려 노력했다. 겪어 보니 '이런 사람이 리더지!' 칭찬하는 이유가 있구나. 인정할 수밖에 없었다. 리더를 믿고 따라가 보기로 마음먹었다.

"내가 더 멀리 볼 수 있었다면 그것은 거인의 어깨 위에 서 있기 때문"이라고, 뉴턴은 말했다. 여러 강의, 다양한 프로그램에 참여하면서 깨달았다. 나에게 맞는 스승과 환경을 찾는 것이 중요하다는 사실을. 좋은 리더뿐 아니라 결이 맞는 구성원들과 함께할 때 성장하는 속도도 빨라지고 지속하는 힘도 커졌다. 혼자가 아니라 함께. 내게 맞는 환경과 사람을 찾는 정성. 이 모든 것이 아웃풋이다. 제대로 된 아웃풋이야말로 끝까지 나아가게 만드는 원동력이라 할 수 있겠다.

# 1-2.
# 배움의 시작

김은진

학창 시절, 공부보다 대외 활동에 더 공을 들였다. 조회 시간이면 전교생 앞에서 애국가 지휘를 했다. 3년 내내 체육부장을 맡았다. 교내 행사에는 에어로빅, 무용 등 다채로운 활동을 했다. 사람들 앞에 서서 하는 것을 두려워하지 않고 재능을 펼쳤다. 한 번, 두 번 인정받으며 하는 일들이 늘어나니 나에 대한 자신감도 커졌다. '나는 잘하는 사람이야'라는 인식이 뚜렷해졌다. 고3 때 운동하는 것이 좋아서 체대 입시를 준비했었다. 학교 수행평가는 점수가 상위권이었지만, 실전은 달랐다. 달리기, 멀리뛰기 등 근력이 필요한 운동들이 많았다. 막상 해 보니 운동을 좋아하는 것과 잘하는 것은 달랐다. 나에 대한 자신감만 높고, 노력은 부족했다. 체대 입시에 실패하면서 원하는 곳에 진학하지 못했지만, 다른 과를 지망하여 대학 생활을 시작했다.

오리엔테이션 시간에 과 사무실에서 조교 보조를 뽑았는데, 무슨 용기였는지 하겠다고 손을 들었다. 이것저것 생각 안 하고 손드는 데는 1등이다. 업무는 간단한 청소에 사무 심부름 정도였다. 매번 앉아서 졸기도 그렇고, 남는 시간을 채우기 위해서 학교 도서관에 가서 책을 빌려 읽었다. 처음에는 소설 위주로 읽다가 자기 계발서도 읽게 되었다. 독서 초보라 독서법에 관련된 책들을 많이 읽었다. 책을 읽을 환경이 조성되니 꽤 꾸준히 여러 책을 읽었다. 그때 독서에 대한 재미를 발견했다. 그러다 보니 배움에 대한 생각들이 커졌다. 원하는 과를 가고 싶은 마음에 편입도 생각해 보고, 나름 미래에 대한 진로도 고민을 했다. 하지만 결국에 선택은 취업이었다.

다행히 바로 취업에 성공해서 10년 정도 일을 했다. 일도 하면서 자기 계발도 게을리하지 않았다. 시간이 되면 자격증도 도전해서 취득하고, 영어를 배우고 싶은 마음도 강해 학원 다니며 열정적으로 배웠다.

공부도 열심히 했지만, 여가를 즐기는 즐거움도 컸다. 배우고 복습하고 꾸준히 해야 하는데, 한번 흐트러지고 나면 배움의 자세를 다잡기가 힘들었다. 열정적으로 도전한 것은 많지만 결과를 내는 것은 어려웠다. 뚜렷한 결과물도 없이 결혼과 임신을 거치면서 삶의 흐름이 변화되었다. 다녔던 직장을 그만두고 잠시 다른 일도 해 보고, 남편을 따라 주재원도 나가게 되었다. 내 중심이 아닌 남편 위주의 삶을 사는 것 같았다.

나 잘난 맛에 살던 사람이었는데, 작아 보였다. 내가 할 수 있는 건 독서밖에 없었다. 책에서 주는 메시지가 나를 살게 하는 힘처럼 느껴졌다. 외롭고 힘들고 지칠 때면 책으로 위안을 받았다. 그 어떤 것보다 책에서 주는 용기가 좋았다.

주재원 생활 중, 둘째를 임신하고 한국에 와서 출산했다. 출산 후 우울증을 예방하고 마음을 다잡기 위해 필사를 했다. 정약용의 『유배지에서 보낸 편지』였다. 어려운 책이었지만 내용에 집중하면서 생각과 다짐을 적어 나갔다. 어떤 상황에서도 자신을 단단히 하고, 자신을 잃지 말고 나아가라는 메시지가 큰 힘이 되었다. 필사를 다 해 나갈 때쯤 코로나19가 생겼다. 뉴스에선 매일 감염자 동선을 이야기하고 걸리면 큰일 나는 것처럼 호들갑을 떨었다. 거의 매일 집에 있었기에 두려움은 덜했지만, 전 세계가 멈춰 버린 큰 재앙의 시작이었다.

남편 회사에서도 휴업을 실시했다. 한 달 휴업 조치를 했는데 왜 이리 불안한지, 아이는 2명인데 남편이 직장을 잃으면 어쩌나 하는 생각에 불안이 최고조로 높아졌다. 집에서 걱정만 한다고 답이 안 나왔다. 할 수 있는 일을 생각해서 취업의 문을 두드렸다. 회사 다닐 때 취득한 사회복지사 자격증이 큰 역할을 했다.

시간이 짧게 걸리는 일을 구했는데, 하늘이 도운 건지 구직 활동을 시작하고 바로 4시간짜리 사회복지사 일자리가 나온 것이다. 간절히 원하면 이루어진다는 생각으로 이력서를 냈다. 첫 직장 이후 두 번째 면접을 봤다.

1시간 정도 면접을 봤는데, 심층 면접에 혼이 쏙 빠진 느낌이었다. 후회 없이 다 보여 주고 면접장을 나왔다. 며칠이 지나 합격 통보를 받았다. 제2의 삶이 펼쳐지는 순간이었다.

사회복지사로서 하는 일은 발달장애인을 돌보는 일이었다. 그들이 낮 동안 지역사회에서 다양한 활동을 하며 즐겁게 지낼 수 있도록 돕는 일이었다. 새로운 일터에서 설렘이 가득했다. 낯선 환경이었지만 적응을 빨리하려고 노력했고, 순순한 눈빛으로 나를 바라보는 그들의 모습에 감사함을 느꼈다.

일을 하면서 최선을 다했다. 집에 오면 아이들 육아도 해야 하는데, 체력이 고갈되면 나도 모르게 짜증이 났다. 이 상황에 갑자기 남편도 다리가 아파 수술하게 되었다. 줄기세포 이식도 하고, 3개월간 목발을 짚고 생활해야 했다. 일, 육아, 남편까지 여러 가지가 겹치니 멘탈이 흔들렸다.

몸은 하나인데 신경 쓸 게 많았다. 분명 내가 택한 길이지만 한꺼번에 에너지를 쓸 일이 많아지니 나도 위로받고 싶었다. 다들 힘든 상황이라 누구에게 기댈 수가 없었다. 잊고 지냈던 독서를 시작했다. 돌쟁이 아이를 재우면서 오디오북을 듣고 틈날때 마다 책을 읽었다.

그러던 어느 날, 광고에서 'MKYU'라는 온라인 대학을 보게 되었다. 배움에 대한 미련이 많았는데, 온라인 대학이라는 새로운 모델을 보니 호기심이 생겨 가입했다. '코로나19 시기에 미래가 불안해지면서 미리 준비해야 한다.'라는 내용으로 다양한 교육 프로그램이 있었다. 새해맞이 프로젝트로 514챌린지를 했다. 새벽 5시, 14일 동안 습관을 갖는 것이 목표이다. 매일 새벽, '모닝 쩍쩍'이라는 구호를 외치며 비슷한 나이대의 엄마들이 새벽 다섯 시에 한자리에 모였다. 새벽 5시에 몇천 명의 사람들이 모였다. 그러다 만사천 명까지 동시 접속을 했다. 그 에너지가 대단했다. 새벽 5시에 눈을 뜬다는 것은 상상도 못 했던 일이었다. 그 에너지가 새벽 기상을 가능하게 했다. 다 같이 할 때는 힘이 나서 새벽 기상도 하고 강의도 잘 들었다. 시간이 지나고 혼자 해야 하는 시간이 생기면서 "오늘은 좀 피곤한데, 내일부터 다시 열심히 하면 되지." 하는 마음으로 미루기 시작했다. 하루를 쉬기 시작하면 그 하루는 쉽게 이틀이 되고, 한 주가 되었다. 그러다 결국엔 그만두게 되었다. 항상 이런 패턴을 반복했다. 처음엔 열정이 넘치지만 쉽게 포기했다. 문제점을 파악하지 못한 채 또 다른 강의를 들으며 나에게 맞는 공부법을 찾았다.

그러던 중, 지인이 성과도 안 나는 일에 열정을 쏟으며 헛돈 쓰고 다니는 게 안타깝다고 했다. 그러면서 소개해 주고 싶은 곳이 있다고 했다. 솔깃했다. 번듯한 결과물이 없어 나에 대한 믿음이 점점 작아지고 있었던 터라 당장 소개해 달라고 했다. 대표 리더가 있고, 한 달에 한 번 모집을 통해 신청이 가능하다고 했다. 비슷한 수준의 토론을 해야 하므로 바로 가입이 되는 것은 아니고, 간단한 면접이 필요하다고 했다. 그래서 더 믿음이 갔다. 전문적인 독서 모임인 것 같았다.

어떤 일을 하든 선두에서 이끌어 줄 누군가가 꼭 필요하다. 혼자 해낼 수 있으면 좋겠지만, 혼자만의 힘으로 가는 것은 절대 쉽지 않다. 배우고 익힐 때도 지혜를 나눠 줄 사람이 필요하고, 일상에서도 앞서 나보다 시행착오를 먼저 겪고 길을 닦아 준 조언자가 필요하다. 독서도 쉬워 보이지만, 독서를 통해 제대로 된 배움을 얻으려면 가이드가 꼭 필요하다. 앉아서 한숨만 쉰다고 도와줄 사람이 떨어지지 않는다. 그동안의 노력 덕분인지 나에게도 조력자가 나타났다. 이 기회를 놓칠 수 없었다. 뜻이 있는 곳에 길이 있다는 말처럼 강력한 이끌림으로 그곳으로 향하게 되었다.

# 1-3.

# 변화의 결심, 첫걸음을 내딛다

김체원

어쩌다가 일이 이 지경이 되었을까. 아무것도 하고 싶지 않았고 침대 밖으로 한 발짝도 나가고 싶지 않았다. 잘못된 투자로 지인들까지 피해를 주게 되었으니 도망치고 싶었고, 그냥 먼지처럼 없어져 사라져 버릴 수는 없을까. 죽고 싶었다. 누구도 만날 용기가 생기지 않았다.

주말도 없이 일하며 앞만 보고 달렸다. 십오 년 전에 부동산을 처음 개업하면서 엄마에게 1억이란 큰돈을 빌렸다. 시골 농사꾼으로 평생을 살아온 엄마는 당신의 땅을 저당 잡아 나에게 돈을 마련해 주며 열심히 해 보라고 하셨다. 지금 생각해 보면 농사만 평생 지으며 제대로 큰돈 한번 만져 본 적 없는 분이 어떻게 선뜻 그 큰 금액을 나에게 내줄 수 있었을까.

엄마! 엄마라는 말만 들어도 마음이 따뜻해져 온다. 2남 3녀의 막내로 태어났다. 예정에 없던 늦둥이 막내딸. 좋은 시절에 태어났다. 그 덕으로 다른 형제들보다 많은 혜택을 받고 자랐다. 학교

파하면 매일 동네 친구들이 놀러 왔다. 숙제할 동안 마당에서 기다리라 했다. 숙제를 마치고서야 놀러 나갔다. 엄마는 언제나 제 할 일 똑 부러지게 한다며 기특해하셨다. 툇마루에 앉아 늘 머리를 묶어 주시던 엄마의 손길이 기억난다. 갈래머리를 삐뚤지 않게 몇 번이고 다시 해 달래도 엄마는 싫은 소리 한번 한 적 없었다.

또, 그 시절 학교에서 매월 저축의 날이 있었다. 그때마다 돈을 주지 않으면 책가방을 멘 채 꿈쩍도 안 했던 게 생각난다. 아버지는 저축할 돈이 어디 있냐며 호통치고 밖에 일하러 나가셨다. 엄마는 적은 돈이라도 손에 쥐어 주어 학교로 보냈다. 나중에 말씀하셨다. 애 넷은 별다른 손이 안 갔는데, 고집불통 막내는 키우기 힘들었다고 말이다.

졸업생 대표로 답사할 때 강당은 눈물바다가 되었다. 우등상에 읍장님상, 저축상까지 받던 날, 눈물을 머금은 채 환하게 웃던 엄마의 얼굴이 눈에 선하다. 벌써 40년도 더 지났지만, 엊그제 같다.

그렇다. 언제나 엄마의 넘치는 사랑을 받던 딸, 나는 귀하고 소중한 존재다. 달라지고 싶다. 이렇게 살 수는 없다고 머리를 쥐어뜯지만, 여전히 침대 위에서 생각뿐이다.

지난 연초에는 오랜 친구 다섯이 함께 해외여행을 가게 되었다. 모처럼 들떠서 이것저것 준비하고, 주사도 미리 맞으며 컨디션에 신경 썼다. 4박 6일 동안 한숨도 자지 못하는 바람에 모두 헛수고였다. 얼굴은 푸석푸석하고 목덜미가 뻣뻣하니, 어깨며, 허리며, 온몸이 안 아픈 데가 없다. 이전에 다쳤던 무릎은 또다시 통증이 시작되며 절뚝이며 걷게 되었다.

배를 빌려 먼 바다로 나가는 일정이 있는 날이었다. 친구들은 바다 깊숙이 잠수하며 심해어와 바다거북이랑 실컷 즐기고 있었다. 멀미약을 먹었지만, 배에 타자마자 속이 울렁거렸다. 거친 파도에 속이 다 뒤집어졌다. 바닷물에 젖어 겨우 배에 올라 널브러진 채 꼼짝도 못 하며 엎드려 있었다. 친구들이 돌아와서 놀랐고, 서둘러 가까운 섬으로 이동했다.

점심은 처음 보는 산해진미가 풍성했지만, 음식 냄새만 맡아도 욕지기가 나서 힘들었다. 멀찍이 떨어진 해변으로 가 큰 수건을 뒤집어쓰고 누웠다. 시간이 얼마나 지났는지, 찌는 태양 아래 모래도 뜨겁다. 기력이 없어 꼼짝 못 하며 친구들의 식사가 끝나기만 기다렸다. 아침에 친구 하나가 걱정하며 둘이 호텔서 머무르는 게 어떠냐 할 때 말 들을 걸 그랬다. 괜히 호기를 부린 것이 후회되었다. 민폐를 끼치는 게 싫었지만, 나중에는 그럴 여유가 없었다. 모시 원피스, 샌들, 챙 넓은 모자…. 어느 것 하나 꾸며 보지 못하고 친구들에게 다 내주었다. 그저 누워서 쉬고 싶었다. 호주에서 삼십 년 넘게 살고 있는 친구도 함께 여행 중이었다. 오래전부터 호주 여행을 계획해 왔지만, 엄두가 나지 않는다. 건강을 챙기자는 친구들의 염려와 조언이 이어졌고, 나도 이렇게 나이가 들면 큰일이겠다는 위기감이 들었다.

여행에서 돌아와 며칠을 끙끙 앓아누웠다가 살아났다. 이렇게 살 수는 없다. 눈물이 났다. 우선 체력부터 길러야겠다고 마음먹었다. 아파트 지하 운동 시설에 운동을 접수했다. 무릎에 무리가 덜한 실내 자전거를 시작했고, 필라테스도 횟수를 늘려 갔다. 아파트에서 운영하는 시설이라 저렴하고 엘리베이터만 타면 되는데도 운동하기 싫은 날이 늘어났고, 꾀도 났다. 운동을 빼먹지 않고 할 수 있는 방법을 생각하다가 운동 시설 옆 도서관에서 좋아하는 책을 읽어 보기로 했다. 오고 가는 동선을 짜서 운동화를 신고 책 한 권을 챙겨 매일 지하로 향했다. 운동을 먼저 한 후에 도서관으로 향하는 루틴을 1년 넘게 지속할 수 있었다. 점차 컨디션은 나아졌지만 마음은 여전히 편하지 않았고, 과거에서 빠져나오기도 쉽지 않았다.

오후엔 병원 다니는 것이 일과였다. 내과도 갔다가, 한의원도 가고, 정형외과에 들러서 진료를 본다. 정형외과 왼쪽으로는 정신과, 오른쪽으로는 마음 치유 센터가 있었는데, 복도에서 서성일 뿐 문을 열고 들어가기가 쉽지 않았다. 잠을 푹 자고 싶었고, 의사를 만나 상담이라도 받아 보고 싶었지만, 망설이기만 하다가 언제나 그냥 집으로 돌아오곤 했다.

인생은 계획대로 되지 않았다. 엄마를 떠나보낸 상실감과 투자 실패, 투자를 권유한 지인 사장님의 극단적 선택, 갑작스러운 수술 그리고 의식 없이 중환자실에 며칠 동안이나 있었다. 그때 가족들은 얼마나 마음 졸였을까! 한 달 가까이 병원 생활을 하였고, 이후에도 수술 후유증으로 건강 상태가 말이 아니었다.

월세 500만 원에 직원 여러 명인 부동산 중개사무소를 운영하며 제법 잘나갔다. 시기가 좋아 부동산 투자는 순조로웠고, 성과도 컸다. 나름 여유 있는 생활을 했고, 꽃길만 걸을 줄 알았다.

하지만 한순간의 잘못된 판단으로 아파트 여러 채와 신도시 분양권 여럿을 날리고, 대출금까지. 감당하기 힘들었다. 시간을 되돌리고 싶었고, 꿈이길 바랐다. 세상을 원망하고, 남 탓 하고, 스스로 자책하며 술에 의지해 현실을 도피했다. 아파트 1층을 내려다 보며 죽고 싶었지만, 두 아들의 얼굴이 눈에 밟혀 그럴 수는 없었다. 어찌 되었든 살아 내야 했다.

수술 전에는 그나마 남의 사무실을 운영하며 생활했다. 마음이 편하지 않았지만 신세 한탄만 할 수는 없었고, 고정적인 수입이 절실했다. 그러나 수술 후에는 하루 열두 번씩 화장실을 가야 하니 지속할 수 없었다. 할 수 있는 것이 없어 답답하고 초조했다.

온라인 세상은 자기 계발 커뮤니티 활동들이 넘쳐 났다. 자기 계발 프로그램, 공인중개사협회 최고위 전문가 과정 등 시도해 봤지만, 성과는 없고, 제자리다. 현업부동산 지인들을 만나 보면 임대료 내기도 힘든 때라며 말렸다. 여성 인력 개발센터에서 경매 강좌를 듣고 길을 찾아봐도 답답한 현실이다. 뭔가 배우고 시도하지만, 결실은 없다. 지금 생각해 보면 내면의 변화 없이 조급함만 가지고 서두르니 당연한 결과였다.

몇 년 전에 사두었던 주식과 코인은 2020년부터 오르기 시작해 2021년에 크게 상승했다. 죽으라는 법은 없나 보다. 일부만 현금화하여 상가 분양권을 매수했다. 나머지는 더 오르리라 욕심부리다 4년 만에 온 기회를 놓치고 다시 마이너스가 심해졌다. 나름대로 공부를 지속하지만, 하락장에서는 그냥 버티는 일밖에 할 수 있는 게 없었다. 궁리 끝에 차트 공부를 하며 밤낮으로 선물투자를 하여 꽤 많은 수익을 냈지만, 선물투자의 끝은 청산이었다. 선물투자는 원수에게 권하라는 말이 괜히 있는 게 아니었다.

투자 카페 멤버십 프로그램에 가입해 있었다. 실시간 독서 강의가 있었는데, 『아주 작은 습관의 힘』을 읽고 참여했다. 그간의 반복된 루틴은, 나름의 시스템화된 습관 쌓기의 결과였다는 것을 알게 되었다. 똑 부러지는 강의가 인상적이었다. 이어 『비트코인으로 인생을 배웠다』를 쓴 호필 이라는 작가의 강의도 들었다. 투자하면서 겪은 경험과 자신의 스토리를 담담하게 전하는데, 공감되었고 감명받았다. 작가는 가장 힘든 시기, 코치의 도움으로 꾸준한 독서와 글쓰기를 통해 버티고 나아질 수 있었다고 한다. 책을 주문해 읽으니, 책 인사말에도 그 사람을 언급하고 있었다. 독서 강의를 했던 강사였다. '누구지? 뭐 하는 사람이야?' 인터넷을 밤새 뒤졌다. 나도 이런 멘토의 도움을 받고 달라지고 싶었다.

가난과 역경을 딛고 사랑과 치유, 변화의 메시지를 전하는 영감의 아이콘 오프라 윈프리는 "누군가가 당신을 도와야 하며, 그 누군가는 바로 멘토"라 강조했다. 실패로 인해 우울과 불안, 무기력에 빠져 있다면. 혼자서는 이 상황을 극복하기 어렵다. 새로운 도전과 모험을 두려워하며 불안해한다. 이럴 때 필요한 안내자를 멘토라 한다. 멘토는 단순한 조언자가 아니라, 나의 성장을 이끌어주는 든든한 동반자이다. 멘토의 발자취를 따라 부단한 연습과 훈련을 거쳐 제2의 멘토가 된 작가처럼, 나 또한 나만의 경험과 가치관을 더해 새로운 창조자가 되고 싶다. 멘토를 정하고 멘토로부터 배우겠다는 각오와 결심, 이것이 아웃풋의 시작이었다.

# 1-4.

# 엄마로 다시 태어난 나

## 다감

그날도 그런 밤이었다. 칠흑같이 어두운 밤. 어쩌다 엄마가 된 뒤로 나는 여태껏 느껴 보지 못한 감정들을 마주하고 있었다. 불 꺼진 방이 어두워서였을까. 내 마음도 어두운 터널처럼 깜깜했다. 내 옆에서 새근새근 곤히 자는 아이는 작은 손, 작은 발, 툭 튀어나온 볼까지 사랑스러운 아이였다. 이 아이를 잘 키울 수 있을까? 한 남자의 아내로서 해야 할 역할을 잘할 수 있을까? 할 수 없을 것만 같은 일들이 한꺼번에 쏟아진 느낌이었다. 아이의 잠든 얼굴을 바라볼 때면 가슴이 벅차오르고 행복을 느꼈지만, 그 한편엔 무언가 알 수 없는 무거움과 슬픔이 항상 자리 잡고 있었다. 잘하고 있는 것인지, 지금의 삶이 내가 바라던 삶인지 알 수 없었다. 정답은 보이지 않았고, 그저 주어진 현실을 살아 내야 했다.

결혼과 함께 타지 생활이 시작됐다. 아는 이 하나 없는 낯선 곳에서 남편과 갓난아기만을 의지해야 했다. 아이를 가졌을 때부터 내 아이는 내가 키우는 게 당연하다고 생각했다. 주위의 도움 없이도 혼자서 잘할 수 있다며 큰소리쳤었다. 하지만 육아는 내 생각처럼 되지 않았다. 안아도 보고, 달래도 보고, 사정도 해 봤지만, 무슨 수를 써도 울음을 멈추지 않는 아이 앞에서 나는 초보 엄마로서 무력함에 빠져 있었다. 아이의 울음소리가 귓가에 울릴 때마다 내 신경은 날카롭게 곤두섰다. 울음소리에 지친 어느 날에는 방문을 닫고 나가고 싶은 순간들도 있었다. 아이의 마음만큼 내 마음을 나도 모르는 날들이 이어졌다. 아이보다 더 큰 소리로 울고 싶었다.

머리는 질끈 동여매고, 매일 같은 옷을 입고, 화장도 하지 않았다. 며칠이 될 것이라고 생각했는데, 후줄근한 내 모습이 일상이 되어 버렸다. 어느 순간 나조차도 나를 신경 쓰지 않고 있다는 사실을 깨달았다. 나라는 존재는 점점 희미해져 갔다. '엄마'라는 새로운 역할 속에 내 정체성이 끼워 맞춰졌고, 그 역할 외의 나는 어디에도 존재하지 않는 듯했다. 사회의 일원으로 일하며 보람을 느끼던 사람이었는데, 어쩌다 내가 지금 이렇게 되어 있는 걸까. 아이를 먹이고, 재우고, 씻기는 하루가 어떻게 오롯이 나의 하루가 되었을까. 이 세상 모든 엄마가 대단해 보이고, 위대해 보였다.

살림이라고는 배워 본 적도 없던 나는 아이가 먹을 음식을 준비하는 일도 어려웠다. 결혼하기 전까지 라면 말고는 그 어떤 요리도 해 본 적이 없었다. 요리가 중대한 미션처럼 다가왔다. 식탁에 앉아 생전 처음 멸치 손질을 하고 있었다. 멸치 똥 따는 모습을 본 남편은 여태 어떻게 먹고 살았냐며 혀를 내둘렀다. 건강하고 맛있는 음식을 만들고 싶었지만, 방법을 전혀 알지 못했다. 종일 불 앞에 서 있어도 대체 어찌 된 일이지 사람이 먹을 수 있는 음식이 나오질 않았다. 손재주 하나는 타고났다고 생각했는데, 요리와는 별개였다.

나는 입이 짧고, 식탐이 없는 편이다. 먹고 싶지 않으면 굶어도 그만이다. 하지만 아이와 남편에게는 그럴 수 없었다. 가정의 건강을 책임지는 사람이라는 책임감이 마음속 깊이 자리 잡고 있었다. 엄마로서, 아내로서 정성 가득한 음식을 만들어 주고 싶었다. 그러나 마음과 달리 음식 맛은 늘 형편없었고, 그럴 때마다 아이와 남편에게 미안한 마음이 들었다.

청소하는 법도, 정리하는 법도, 살림의 모든 것이 익숙하지 않았다. 하루는 가스레인지 후드에서 무엇인가가 뚝 떨어졌다. 나는 가스레인지 후드에서 기름때가 떨어진다는 사실조차도 모를 만큼 살림 젬병이었다. 그 정도로 무지했다.

집 안을 깔끔하게 정돈하며 지내는 일은 생각보다 어려웠다. 집 안이 정돈되지 않으니 머릿속도 복잡하고, 마음마저 어수선했다. 정리를 해도 순식간에 다시 어질러졌기에 도대체 어디서부터 시작해야 할지 몰랐다. 방바닥에는 매일 장난감이 어지럽게 널렸고, 빨래는 끝없이 나왔으며, 그릇들은 늘 싱크대 가득 들어 있었다. 집에 애정을 들여서 가꾸고 싶었지만, 여유도 체력도 모두 부족했다. 냉장고에서 리모컨을 발견한 날도 있었다. 그만큼 정신을 놓고 살았다.

나의 상황을 공감해 줄 누군가가 절실했다. 같은 고민을 나눌 육아 동지와 무거운 현실을 잠시나마 벗어날 탈출구가 간절했다. 그러면서도 진심으로 좋은 엄마가 되고 싶었다. 내 아이를 더 잘 이해하고 싶었고, 누구보다 사랑으로 키우고 싶었다. 하지만 아이를 키우는 일에 대해 아는 것이 없었다. 어떻게 하면 지금보다 더 나은 엄마가 될 수 있을지 매일 고민했다. 그렇게 갈증을 느끼던 나에게 한 줄기 빛처럼 다가온 것이 육아서였다.

울음이 많은 아이를 매일 들고 안느라 너덜너덜해진 손목이었지만 등에 아이를 업고서도 책 한 권을 끼고 지냈다. 책을 읽고 있는 시간만큼은 시간을 헛되이 흘려보낸다는 생각이 들지 않았다. 무언가를 하고 있다는 느낌이 강하게 들었다.

육아서는 새로운 세계에 발을 들인 듯한 기분을 들게 했다. 읽은 내용을 하나씩 내 삶 속에 적용하기 시작했다. 책 속의 지식과 경험은 육아에 무지했던 나를 일깨워 주었다. 책만으로는 무언가 부족하다고 느껴질 때, 육아서를 읽고 서로의 이야기를 나눌 수 있는 모임에 참석하게 되었다. 같은 시기를 겪고 있는 엄마들의 이야기를 들으며 공감했고, 위로받았다. 나만 겪는 어려움이 아니었고, 누구나 비슷한 고민을 안고 있었다. 그 모임을 만나게 되면서 나는 다른 엄마들과 함께 성장했다. 현실의 힘듦만을 토로하는 모임이 아니었다. 서로의 시행착오를 공유하고, 우리는 어떻게 하면 더 좋은 엄마가 될 수 있을까 고민하는 공간이었다.

육아서에서 제시하는 이상적인 엄마가 되겠다는 것은 사실상 무리였다. 아이와 내게 맞는 방법을 고민하고, 나만의 방식으로 실천했다. 완벽한 엄마란 존재하지 않으며, 각자의 방식으로 최선을 다하는 것이 중요하다는 것을 깨닫게 되었다. 모임을 통해 흠잡을 데 없는 엄마가 되어야 한다는 중압감에서 벗어날 수 있었다. 육아의 어려움에 부딪힐 때마다 대안을 찾으려고 노력했다. 지금 하는 고민에 대한 해결책이 무엇일지 먼저 생각했다. 아이를 위한 선택만큼이나 나를 위한 선택도 소홀히 할 수 없었다. 나부터 행복한 엄마가 되어야 했다. 아이에게 무한한 사랑을 주면서도, 내 삶의 균형을 찾아가는 것이 중요하다는 걸 알게 된 순간이었다.

혼자서는 해결할 수 없어 내가 살기 위해 선택했던 모임이었다. 사람은 그 누구도 혼자서는 살아갈 수 없다. 힘들고 지칠 때는 손을 잡아 줄 수 있는 누군가가 필요하다. 내 경험을 비추어 보았을 때, 자신과 비슷한 사람들 그리고 자신이 걷고자 하는 길을 먼저 걸어간 이들과 함께하는 것이 최고라고 생각한다. 이러한 사람 대 사람 간의 모임과 소통이야말로 아웃풋의 기본이라 할 수 있겠다.

# 1-5.
# 상실 그리고 다시 일어서기

박혜연

아침에 눈을 뜨기가 힘들다. 얼굴은 퉁퉁 부어 있고, 눈도 제대로 떠지지 않는다. 거울 속의 내 모습이 낯설다. 어젯밤에도 술을 마시고 울다가 잠들었나 보다. 기억나지 않는 행동들이 나를 망치고 있다는 걸 알면서도 멈출 수가 없다. 엄마가 돌아가신 지 석 달이 지났다. 나는 여전히 슬픔에서 빠져나오지 못한 채 매일 술에 의지하며 울다 잠이 든다. 출근 후에는 그럭저럭 평범한 하루를 보내지만, 퇴근 후에는 습관처럼 술을 찾는다. 이렇게 하면 안 된다는 걸 알면서도 통제할 수가 없다. 가족들은 불안한 눈빛으로 나를 바라본다. 남편은 묵묵히 곁을 지키지만, 무엇도 해 줄 수 없다는 듯 깊은 한숨을 내쉰다. 그리고 조용히 자신의 생각을 내게 전했다.

"당신이 무너지면, 우리 가족도 함께 무너져."

그 말 한마디에 정신이 번쩍 들었다. 내가 이렇게 살아가면 안 되겠구나. 나를 지켜보는 가족들에게 상처를 주면 안 되겠구나.

그날부터 술을 끊고 엄마가 그리울 때면 조용히 혼자만의 시간을 가졌다. 마음을 추스르고 나 자신을 다독였다. 그리고 시간은 흘렀다. 조금씩 다시 나의 일상을 되찾아 가고 있었다.

코로나19로 인해 아이들은 학교에 가지 못한 채, 온라인 수업을 들으며 하루 종일 집에서 생활해야 했다. 팬데믹은 단순한 불편함을 넘어 아이들의 일상을 뒤흔들었다. 새로운 친구를 사귈 수도, 친한 친구들을 만날 수도 없는 날들이 이어졌다. 사춘기의 흔들림을 어렵게 지나며 조금씩 안정을 찾아가던 첫째에게 외부와의 단절 속에서 번아웃이 찾아왔다. 아무것도 하려 하지 않았고 말도 점점 줄어들었다. 과외 선생님이 집에 와도 문을 열어 주지 않았다. 결국 선생님은 '이런 식으로 힘들게 하는 아이는 더 이상 수업을 진행할 수 없다'며 일방적으로 수업을 중단한다는 메시지를 보내왔다. 퇴근 후 집으로 돌아와 아이에게 '도대체 왜 이러는 거냐고, 엄마를 왜 이렇게 힘들게 하는 거냐고' 참아 왔던 감정이 터져 버렸고, 결국 내 화를 아이에게 퍼부어 버렸다. 아이는 아무 말 없이 곱지 않은 시선으로 나를 바라보더니, 방문을 세게 닫아 버렸다. 그리고 나와의 대화를 완전히 끊어 버렸다. 아이의 아픔을 제대로 보지 못하고 있었다는 것을 그제야 깨달았다. 조용히 사과하고 아이와 다시 마음을 나누었다. 2020년 7월 엄마가 돌아가시고 깊은 슬픔 속에서 힘겨운 시간을 보내던 그해 11월, 막내 이모부마저 심장마비로 갑작스럽게 세상을 떠났다. 이모부는 아이들과도 가까운 사이였다. 편하게 고민을 털어놓을 수 있는 존재였고, 어려운 순간에도 곁에서 위로해 주던 사람이었다. 그의 부재는 아이들에게도 큰 충격으로 다가왔다. 특히 첫째는 더욱 깊은 상실감에 빠졌다. 말수가 줄어들었고, 표정에서도 생기가 사라져 갔다. 또다시 우울감이 찾아올지 걱정되어 상담도 받고, 대화도 많이 나누면서 아이의 마음을 헤아리려 애썼다. 그렇게 조금씩 아이는 다시 안정적인 생활을 되찾을 수 있게 되었다.

둘째가 대형 학원으로 옮기면서 새로운 영어 강사를 만나게 되었다. 학교 성적도 오르고, 아이가 공부하는 데 힘들어하지 않는 모습도 보였다. 성적표가 나오는 시기에 아이들의 입시 컨설팅을 해 준다면서 연락이 왔다. 컨설팅 비용은 우선 지불하고 컨설팅 결과가 나오면 다시 돌려준다고 했다. 의심스러웠지만 일단 믿어 보자는 마음으로 시작하게 되었다. 처음 몇 번은 컨설팅 비용을 다시 돌려주곤 했다. 그러던 중, 첫째도 학원을 옮기게 되면서 컨설팅을 함께 진행하게 되었다, 그때부터 비용을 돌려주는 시간이 조금씩 늦어지기도 했다. 초조해진 마음이 커져만 갔다. 어느 날 둘째가 컨설팅 비용을 돌려받지 못하는 부모들이 여러 명이라고, 엄마도 그런 상황이냐고 묻는다. 밤늦도록 강사에게 연락해도 답장이 없었다. 학원에서 피해 부모들은 방문하라는 문자가 왔다. 나뿐만 아니라 많은 사람이 사기를 당하고 거기에 모여 있었다. 나의 무지함에 여기까지 왔다고 생각하니 약한 마음은 무너지기 시작했다. 학원에서 변호사를 선임한다고 했다. 피해를 본 부모들은 모두 그 사람을 고소하기로 했다. 조서를 작성하면서 나의 한심함에 저 바닥으로 떨어져 있던 자존감은 더 깊은 지하로 빠져드는 느낌을 받았다. 이런 나를 우리 가족은 어떻게 생각할지, 이 소문이 퍼지면 나를 아는 사람들은 어떤 시선으로 쳐다볼지도 걱정이 되었다. 왜 자꾸 이런 힘든 일이 생기는지. 나를 자책하고 사람들 만나는 것을 회피하며 시간을 보냈다. 피해 보상을 받는 데 시간이 오래 걸린다고 했다. 피해 부모들과 해결책을 찾기 위해 많은 연락을 했다. 변호사의 도움으로 피해액 전부는 다 받지 못했지만, 다행히 일부를 받을 수 있었다. 앞장서서 고소하는 것을 도와주는 분도 있었다. 어려울 때 만나는 사람들은 더 단단하게 뭉치게 된다는 것을 깨달았다. 일이 어느 정도 해결되고 함께 모여 서로 감사한 마음을 나누기도 했다.

2021년, 부동산 시장이 뜨겁게 들썩이던 시기에 나는 아파트 청약을 준비하며 고민에 빠져 있었다. 어떻게 해야 할지 막막해하던 차에 후배가 강의를 들어 보라고 권유했다. 재테크는 적금만 하면서 살아왔던 나에게 자본주의 시장은 새로운 세계였다. 마침 코로나19로 인해 집합 금지가 시행되면서 온라인 강의를 들을 기회가 많아졌다. 그렇게 아파트 청약을 시작으로 본격적인 부동산 공부를 시작했다. 그러나 지식이 부족한 상태에서 남들을 따라 투자하려 한 것은 큰 실수였다. 경험이 풍부한 사람들은 정보력을 바탕으로 움직였지만 나는 제대로 공부하지 않은 채 무작정 뛰어들었다. 결과는 예상대로 실패였다. 그때부터 남들과 비교가 시작됐다. 나의 상황과 그들의 상황이 다름에도 불구하고 나 자신을 끝없이 괴롭혔다. 조급함과 답답함이 몰려왔고, 스트레스가 쌓이면서 가족들에게 괜한 짜증을 내기도 했다. '나는 왜 이것도 제대로 못 할까?' 부정적인 생각이 머릿속을 떠나지 않았다. 무너진 자존감을 회복하고 싶지만, 어디서부터 다시 시작해야 할지 고민이 되었다.

자존감을 찾기 위해 자기 계발 프로그램에 참여했다. 6개의 조로 나뉜 사람들은 각자 자신의 조에 속한 사람들과 어색한 인사를 한다. 나는 6조에 속하게 되었다. 그곳에서 함께하는 사람들은 자기 잠재력을 찾으려는 눈빛들이 강력해 보였다. 하지만 나는 아직 모든 것이 낯설었다. 자기 계발이 어떻게 진행되는지조차 모른 채 참여한 터라 하나하나가 어색하고 버거웠다. 발표 시간이 되자 사람들은 주저 없이 무대로 나갔다. 어디서 저런 용기가 나오는 걸까? 나도 4주 후에는 저들처럼 당당해질 수 있을까? 매주 강사의 지도 아래 사람들은 자신을 찾기 위해 한 걸음씩 앞으로 나아갔다. 그들과 달리 나는 아직도 그 자리에서 멈춰 서 있는 듯했다. 각 조의 팀명 발표 시간이 왔다. 1조, 2조, 3조, 4조 그리고 5조 조장의 목소리는 크고 또랑또랑했다. 조원들을 리드하는 모습이 굉장히 인상적이었다. 어디에서 저런 당당한 모습이 나오는 걸까? 궁금하기도 하고 부럽기도 했다. 그녀는 프로그램을 진행하는 동안 건강이 계속 좋지 않았다. 그럼에도 모든 미션을 완벽하게 해냈고, 요로결석이 생겼음에도 마지막 수업에 온라인으로 참석하며 끝까지 열정을 보여 주었다. 4주간의 과정이 끝난 후 이제 어디에서 나의 삶에 변화를 주고 성장을 시켜야 할지 고민에 빠졌다. 그런 나에게 손을 내밀어 준 사람이 있었다. 그 사람은 바로 열정이 넘쳤던 5조 조장이자 〈빛소영 아웃풋 스쿨〉의 리더인 빛소영 코치였다. 다시 한번 미지의 세계로 발을 내디뎠다. 이번에는 확신이 있었다. 변화와 성장을 위한 새로운 도전이 시작되었다.

뜻이 있는 곳에 사람이 있다. 자기 계발에 도전하려 할 때 필요한 사람이 나타났고, 또 다른 도전을 시도하자 새로운 귀인이 다가왔다. 앞으로도 새로운 공부와 도전을 시작할 때 그에 맞는 사람이 반드시 나타날 것이다. 중요한 것은 어떤 도전을 할 것인가가 아니라 도전을 멈추지 않는 태도다. 도전하는 한, 나에게 도움을 줄 귀한 인연들은 끝없이 이어질 것이다. 아웃풋을 원하고 간절히 바란다면 그에 걸맞은 현자가 우리 앞에 나타날 것이다. 그러나 중요한 것은 그 귀인을 알아보는 눈이다. 그것 또한 성장의 과정 이다. 어쩌면 지금 당신이 들고 있는 이 책도 귀인으로 향하는 열 차일지 모른다. 책은 나를 성장시키고 변화시키는 가장 강력한 귀 인이다. 나는 책을 통해 새로운 것에 도전하는 두려움을 없애고, 내면을 단단하게 다지는 법을 배웠다.

# 1-6.
# 인생의 건반을 다시 누르다

빛소영

    피아노 선율은 나만의 비밀스러운 이야기였다. 기쁠 때는 경쾌한 리듬으로 춤을 추고, 슬플 때는 조용히 함께 울었다. 말로 표현할 수 없는 감정조차 건반 위에서 선율이 됐다. 때론 격렬하게, 때론 부드럽게, 아무리 거칠게 온 마음을 쏟아도 변함없이 나를 받아주었다. 흐트러진 마음도, 흔들리는 생각도 피아노 앞에 앉으면 하나의 멜로디가 되었다. 피아노를 사랑했고, 피아노는 나의 전부였다. 시간이 흘러 꿈은 더욱 선명해졌고, 나는 피아니스트가 되었다. 무대 위, 스포트라이트 아래 설 때마다 음악과 하나가 되는 짜릿함. 절정을 향해 달려가는 선율 속 떨림, 마지막 음이 공기 속에 녹아들 때의 고요함. 박수가 들려오면 확신과 자부심이 가득했다. 미래는 영원히 빛날 것만 같았다.

    쌍둥이를 가졌다는 소식은 축복이었다. 두 개의 심장이 내 안에서 뛰고 있다는 사실이 기적처럼 느껴졌다. 존재만으로도 삶의 의미가 새로워졌다. 기쁨도 잠시.

"고위험 산모입니다. 모든 걸 내려놓아야 합니다."

순간, 시간이 멈춘 듯했다. 다리에 힘이 풀려 주저앉을 뻔했고, 목이 메어 아무 말도 나오지 않았다. 내 인생이 순식간에 정적에 휩싸였다. 다시는 피아노 앞에 앉을 수 없을지도 모른다는 두려움이 가슴 깊이 파고들었다. 하지만 포기할 수 없었다. 두 아이를 지켜야 했다. 숨 쉴 때마다 느껴지는 압박감, 한 걸음 내디딜 때마다 스치는 통증. 그 모든 고통 속에서도, 뱃속에서 느껴지는 작은 움직임이 나를 버티게 했다. 태동이 느껴질 때마다 마음속으로 조용히 되뇌었다. '괜찮아, 조금만 더 버티자. 너희를 꼭 만나고 싶어.' 마침내, 그날이 찾아왔다. 눈부신 조명 아래 차가운 수술대에 누웠다. 머릿속엔 오직 하나의 소망뿐이었다. 제발, 건강하게 태어나 주기를.

기적처럼, 두 아이의 울음소리가 공간을 가득 채웠다. 참았던 눈물이 쏟아졌다.

모든 것이 다시 원래대로 돌아갈 줄 알았다. 잠시 회복하면 다시 무대에 설 수 있을 거라 믿었다. 그러나 현실은 냉혹했다. 십자 제왕절개 후유증은 예상보다 깊고 날카로웠다. 허리를 펴는 것조차 고통스러웠고, 손목은 마치 녹슨 기계처럼 굳어 버렸다. 손가락을 움직일 때마다 느껴지는 통증은 피아노 건반이 더 이상 내 것이 아님을 속삭이는 듯했다. 종일 피아노 앞에 앉아 있던 내가 이제는 의자에 앉는 것조차 버거웠다.

공백은 언제나 다른 무언가로 채워지기 마련이다. 비워 둔 나의 자리는 어느새 새로운 연주자들로 채워졌다. 그동안 쌓아 올린 모래성이 거센 파도에 휩쓸려 가는 듯했다. 손을 뻗었지만 닿을 수 없었다. 나를 지탱하던 모든 것이 부서지고, 그 자리에 남은 건 끝없는 허무함뿐이었다. 시계는 여전히 돌아가고 세상은 변함없이 흐르는데, 나만 홀로 멈춰 서 있었다. 어디로 가야 할지, 무엇을 해야 할지 알 수 없었다. 거울 앞에 서면 낯선 얼굴이 나를 바라봤다. 창백하게 굳은 얼굴, 퀭하게 꺼진 눈. 눈동자 속에는 빛 한 점 없었다. '여기가 어디지? 나는 누구지?' 밤이 깊어질수록 마음속 공허함은 더 짙어졌다. 새벽의 정적 속에서 혼자가 되는 시간이 두려웠다. 아침도 마찬가지였다. 아이들이 잠에서 깨어나는 소리에 억지로 마음을 다잡았다. 애써 미소를 지었다. 아무렇지 않은 척 하루를 시작했다. 웃음 뒤에 숨은 마음은 텅 비어 있었다. 시간이 지날수록 마음은 점점 더 무너졌다. 멈춰 서서 주저앉고 싶었지만, 그럴 수도 없었다. 그렇다고 앞으로 나아갈 용기도 없었다. 마치 끝을 알 수 없는 벼랑 끝에 서 있는 듯했다. 발을 내디디면 추락할 것 같았고, 그렇다고 뒤돌아설 수도 없었다. 몸과 마음이 모두 굳어버린 채 그저 그 자리에 서 있었다.

어느 날, 우연히 참석한 강연에서 한 문장이 귓가를 울렸다.

"엄마가 행복해야 아이가 행복하다."

주변에서도, 책에서도, 강연에서도 수없이 들어온 말이었다. 늘 익숙하게 스쳐 지나가던 그 문장이 그날따라 이상하게 마음 깊숙이 스며들었다. 단순한 조언이 아니라, 어둠 속을 비추는 한 줄기 빛처럼 내 삶을 향해 강렬히 다가왔다. '나는 지금 행복한가?' 나에게 묻는 순간, 가슴이 먹먹해졌다. 행복을 마지막으로 느껴 본 게 언제였을까? 하루하루를 버텨 내기에 급급했다. 아이들에게 좋은 엄마가 되어야 한다는 부담감은 짙은 그림자처럼 마음을 짓눌렀다. 웃음 뒤에 감춘 내 감정은 늘 뒷전이었다. 참고, 견디고, 희생하며 살아가는 것이 당연하다고 생각했다. 하지만 정말 그게 아이들에게 좋은 영향이었을까? 심장이 쿵 하고 내려앉았다. 눈물이 뚝뚝 떨어졌다. 이대로 주저앉으면 아이들은 어떻게 될까? 순간, 두 아이의 눈망울이 떠올랐다. 단순히 아이들을 위해서가 아니었다. 엄마로서가 아니라 한 개인으로서, 누구의 엄마도 아닌 나 자신으로서 다시 일어서야 했다. 내가 행복해야 아이들도 삶의 행복을 배운다. 내 감정을 외면한 채 살아간다면 그 공허함은 아이들의 마음에도 스며들 것이다. 아이들의 행복은 내가 얼마나 희생하느냐에 달린 게 아니라, 내가 얼마나 온전한 나로 살아가느냐에 달려 있었다. 눈물을 닦았다.

"이제는 나를 위해서도 살아야 해."

가슴속 어둠을 가로지르던 한 줄기 빛이 점점 더 환하게 퍼져 나갔다.

또 하나의 진실이 눈앞에 선명히 다가왔다. 겉으로 보이는 성공은 내면이 단단하지 않으면 한순간에 무너질 수 있다는 사실. 그동안 앞만 보며 달렸다. 더 높이, 더 멀리 나아가야 한다는 생각에 마음의 소리를 외면한 채 성취만을 좇았다. 진정한 성공은 외적인 결과가 아니라, 어떤 상황에도 흔들리지 않는 단단한 내면에서 시작된다는 것을 깨달았다. 어디서부터 다시 시작해야 할까? 나 자신을 바로 세우는 것. 누구의 기대도 아닌, 누구의 시선도 아닌, 오직 나 자신을 위해. 한 인간으로서 온전히 설 수 있도록. 비바람에도 꺾이지 않는 뿌리를 내리기 위해서. 살기 위해. 다시 시작해야 했다.

다음 날부터 변화는 시작됐다. 피곤에 절은 몸을 이끌고 아이들을 안고, 업고, 재우면서도 책을 놓지 않았다. 잠든 아이들의 고른 숨소리가 들려올 때면 지친 손으로 책장을 넘겼다. 단순히 읽는 것으로 끝내지 않았다. 마음을 울린 문장을 기록했다. 메모지에, 공책에, 마음속에 새기듯 적어 나갔다. 읽고, 쓰고, 생각하며 글 속에 담긴 지혜를 삶에 녹였다. 어느 날, 한 문장이 내 마음속 깊은 곳을 울렸다. '괜찮아. 넌 다시 시작할 수 있어.' 문장이 내게 직접 말을 거는 듯했다. '포기하지 마. 천천히 나아가도 괜찮아.' 지쳐 주저앉은 내 어깨를 토닥이며 속삭였다. 가슴속 깊은 곳에서 무언가가 일어났다. 마치 다시 뛰기 시작한 심장처럼, 희미했던 삶의 의지가 힘을 얻어 되살아났다. 비록 지금은 어둠 속에 있더라도, 언젠가는 빛을 향해 나아갈 수 있으리라는 믿음이 마음속에 자리 잡았다. 그날 이후, 책은 단순한 종이와 글자가 아니었다. 그것은 내게 활력을 불어넣고, 미래를 향한 희망의 길잡이가 되어 주었다. 배운 것은 반드시 삶에 녹이겠다고 다짐했다. 더 이상 읽는 것으로 끝내지 않았다. 책에서 얻은 한 문장, 한 단어라도 일상에 새기듯 실천하기 시작했다. 행동들이 조금씩 달라졌다. 머릿속에만 맴돌던 문장들이 내 손과 발로 이어져 구체적인 행동이 되었고, 그렇게 아웃풋 독서가 시작됐다.

책을 통해 배운 것들은 일상에서 자라났다. 말투가 바뀌고, 생각이 달라지고, 행동이 변했다. 과거에는 타인의 박수에 의존하며 인정받기 위해 달렸지만, 이제는 더 이상 누군가의 시선에 흔들리지 않았다. 남이 원하는 삶이 아니라, 내가 원하는 길을 찾기 시작했다. 공허함으로 가득 차 있던 마음이 서서히 채워지며 단단해졌다. 그 과정은 단순한 변화가 아니었다. 내 안의 나약함과 마주하며, 있는 그대로의 나를 받아들이고 사랑하는 법을 배우는 과정이었다. 완벽하지 않아도 괜찮았다. 실수해도 괜찮았다. 중요한 건 다시 일어서는 힘이었다. 그 시간이 없었다면, 지금의 나는 존재하지 않았을 것이다.

　삶은 때때로 끝이 보이지 않는 어둠 속에 우리를 가둔다. 하지만 잊지 말자. 아무리 깊은 어둠 속에서도 작은 빛은 존재한다. 그 빛은 멀리 있는 게 아니라 바로 당신 안에 있다. 그리고 그 빛을 다시 발견하게 도와주는 것이 바로 책이다. 책을 단순히 읽는 것으로 끝내지 말자. 책 속에서 얻은 지혜를 마음에 새기고 일상에 적용할 때 비로소 삶은 변하기 시작한다. 이것이 바로 아웃풋 독서다. 한 권의 책이 사고를 바꾸고, 바뀐 사고는 행동을 변화시킨다. 지금 어둠 속에 있다면, 손을 뻗어 보자. 아주 작은 움직임이라도 괜찮다. 책장을 한 장 넘기거나, 마음에 닿은 문장을 적어 보자. 그 작은 행동들이 쌓이면 결국 눈앞의 어둠을 뚫고 새로운 길을 열게 될 것이다. 그러니 멈추지 말자. 남이 보지 않아도, 알아주지 않아도 괜찮다. 아웃풋 독서를 통해 배운 것들을 삶에 새기고, 한 걸음씩 앞으로 나아가자. 스포트라이트가 사라졌다고 내 안의 빛까지 사라진 것은 아니다. 그 빛은 지금도 당신 안에서 타오르고 있다. 그 빛은 언젠가 세상을 다시 비출 것이다.

# 1-7.
# 내면이 변하자 인생이 달라졌다

샤인영

"산모님, 임신입니다."

초음파를 보던 의사가 말했다. 결혼 후 1년 6개월 만에 기다리던 순간이 찾아왔다. 난임 검사를 받고 한약을 먹으며 여러 시도 끝에 찾아온 고마운 아기였다. 초음파 화면 속 작은 점 하나가 나를 향해 인사하는 것 같았다. 남편도 기쁨의 표정을 지었다. 그렇게 우리는 부모가 되었다.

기쁨은 오래가지 않았다. 2주 후, 초음파 화면에서 작은 아기집 주변에 큰 피 고임이 보였다.

"절박유산입니다. 절대 무리하지 마세요."

유산방지약을 처방받고 집으로 돌아왔다. 그날부터 모든 일을 내려놓고 아기를 지키는 것만이 내 일이 되었다. 2014년 9월, 뱃속의 아이와 함께 전업주부가 되었다.

임신 초기를 힘겹게 지냈지만, 아기는 무사히 태어났다. 2015년 봄, 건강한 아들을 출산했다. 육아는 쉽지 않았지만, 무럭무럭 자라는 아이를 보며 행복했다. 그러나 16개월이 되던 어느 날, 갑자기 고열과 함께 아이가 뒤로 쓰러지며 경련을 일으켰다. 온몸을 떨며 눈동자가 위로 올라갔다. 쏟아지는 눈물을 닦으며 머릿속에 떠오른 숫자 '119'. 119에 전화를 걸어 응급실로 향했다. 그날 이후, 아이가 고열이 날 때마다 경련하였고, 늘 불안감이 엄습했다.

2018년, 둘째 아들이 태어났다. 건강했지만, 생후 13개월부터 9개월간 사경 물리치료를 받았다. 언어 발달도 늦어 27개월부터 7개월간 언어 치료를 받았다. 잦은 구토와 저체중 문제로 대학병원에 입원하여 검사를 받기도 했다. 아이들을 건강하게 키우는 것은 최우선 과제가 되었지만, 점점 나 자신을 잃어 갔다. 나를 돌본다는 건 생각할 수도 없었다.

10년간 육아에만 전념하며 하고 싶은 일과 직장 생활도 포기했다. 시간이 흐를수록 우울감이 깊어졌다. 사소한 일에도 쉽게 화가 났고, 그때마다 아이들에게 화를 냈다. 남편에게도 불만이 쌓였다. 점점 자신감을 잃어갔다. 과거 꿈 많던 내 모습은 사라졌고, 삶의 의미도 희미해졌다.

육아는 하면 할수록 더 외로웠다. 이 세상에서 나 혼자 고립된 것 같았다. 외로움이 너무 커서, 아무 의미도 없는 만남을 반복했다. 그러나 근본적인 공허함은 채워지지 않았다. SNS 속 멋진 사람들을 보며 자존감이 더 낮아졌다. 의식적으로 SNS를 보지 않았다. '결혼하지 말아야 했나? 아이를 낳지 말아야 했나?' 후회가 쌓였다. 창밖 기차를 보며 목적 없이 떠나고 싶었다. 하늘을 자유롭게 날아다니는 새를 보며 날아가고 싶었다. '이대로 엄마로만 살다가 내 인생이 끝나는 걸까?' 미래가 두려웠다.

첫째가 초등학교에 입학한 해에 학부모 독서 동아리에 참가했다. 외로움을 달래기 위해서였다. 어느 날, '그림책 집단 심리' 모임을 통해 『인생은 지금』이라는 그림책을 만났다. 이 그림책을 통해 삶을 바꿔야겠다고 다짐했지만, 안타깝게도 행동으로까지 이어지진 않았다.

그해 9월, 남편은 대학원에 진학했고, 나는 끝없는 독박육아 속에 갇혔다. '내 인생은 뭐지? 계속 육아만 해야 하나?' 남편이 성장하는 모습이 부러웠다. 아니, 부러움을 넘어 질투가 치밀어 올랐다. 작년에는 승진하고, 올해는 대학원에 진학한 남편. 남편은 사회적으로 성공의 길을 달리고 있었다. 하지만 나는 달랐다. 끝없는 육아 속에서 자존감은 점점 낮아졌고, 아이들에게 화를 내는 일이 잦아졌다.

이대로 살 수 없었다. 변해야겠다고 결심했다. 그림책 놀이 공부를 시작해 자격증을 취득했다. 2023년 상반기, 4개 수업을 듣고 5개의 자격증을 땄다. 자격증을 바탕으로 세 곳에서 봉사를 시작했다. 단순히 바쁘고 싶어 시작한 봉사는 점점 부담이 되었다. 몸이 지칠수록 아이들에게 짜증을 내는 일도 많아졌다. 목적 없는 변화는 결국 헛돌 뿐이었다. 제대로 된 변화가 필요했다.

그해 여름, 블로그에서 온라인 모임을 발견했다. 블로그 제작 모임에 참여하며, 드디어 첫 블로그를 개설했다. 처음으로 인터넷 세상에 발을 들였다. 아날로그 삶만 살아온 나에게 디지털 세상은 낯설었다. 용기를 내어 현실 세계가 아닌 인터넷에 나만의 공간을 만들었다. 이곳에 글을 쓰며 감정을 정리하고, 나 자신을 깊이 들여다볼 수 있었다. 블로그는 단순한 기록이 아니라, 스스로를 찾아가는 여정이었다.

블로그 챌린지를 통해 〈빛소영 아웃풋 스쿨〉의 리더, '빛소영 코치'를 만났다. 그리고 2023년 10월, '아웃풋이 인생을 바꾼다'라는 프로그램 모집 글을 발견했다. 독박육아에 지쳐 나를 잃어 가던 내 눈에 확 띄는 문구였다. 취업과 돈 벌기에 대한 기대를 품고 참여를 결심했다.

"리더님, 아웃풋 스쿨 참여하면 취업할 수 있을까요? 저 진짜 사회에 나가서 돈 벌고 싶어요."

내 관심은 오로지 취업과 돈 벌기에 쏠려 있었다. 그동안 육아로 내 모든 것을 뒤로 미뤘기에, 이제는 아이들보다 나를 위해 살고 싶었다. 그리고 돈도 벌고 싶었다. 그때, 리더는 단호하게 말했다.

"내면을 먼저 바꾸세요."

이게 도대체 무슨 말인가? 내면이라니? 냉면은 들어 봤어도 내면은 못 들어 봤던 나다. 전혀 예상치 못한 답이 돌아왔다. 순간 깊은 고민에 빠졌다. 결국, 취업보다 내면을 단단하게 만드는 길을 선택했다.

새로운 목표를 향해 한 걸음 내디뎠다. 매일 아침 아이들을 등교시키고 나면 책을 읽고 글을 썼다. 기록하는 과정에서 삶을 되돌아보고, 스스로에게 끊임없이 질문을 던졌다. '나는 누구인가? 나는 어떤 삶을 원하는가?' 스스로 탐색하는 과정은 쉽지 않았지만, 그 속에서 나 자신을 조금씩 찾아가기 시작했다.

외면의 변화를 바라기보다 내면을 먼저 바꿔야 한다는 것을 깨달았다. 목표를 정하자 불안감이 줄어들었다. 내면이 단단한 사람이 되기 위해 조금씩 변화해 나갔다. 나를 되찾는 여정을 시작했다. 단순한 외적 변화가 아니라, 진정한 나를 찾아가는 과정이다. 나를 찾기 위해 배우고 도전했다. 그리고 이 변화는 멈추지 않을 것이다.

삶이 나를 무너뜨릴 것 같은 순간은 누구에게나 있다. 예상치 못한 시련과 고통 속에서 우리는 외부의 상황을 원망한다. 쉽게 바뀌길 바란다. 사실 나도 그랬다. 육아로 내 모든 시간이 아이들에게 묶여 있었다. 점점 자신을 잃어 가는 나를 마주할 때마다, '왜 나만 이런 어려움을 겪어야 할까'라는 생각이 머릿속을 떠나지 않았다.

하지만 아웃풋 스쿨에서 '내면을 먼저 바꾸라'는 조언을 들었을 때 비로소 깨달았다. 진정한 변화는 외적인 것이 아니라 내면에서부터 시작된다는 것을. 내가 변하지 않으면 아무리 외부 환경이 좋아져도 삶은 달라지지 않는다. 내면을 단단하게 만드는 일이 외적인 변화보다 우선임을 받아들였다. 그러자 삶도 조금씩 변하기 시작했다. 내면이 단단해지자 외부 상황에 흔들리지 않았고, 오히려 그것을 이겨 낼 힘이 생겼다.

안나 프로이트는 자신감이 내면에서 비롯된다고 강조했다. 아웃풋은 단순한 결과물이 아니다. 그것은 내면을 단단히 다지는 과정에서 시작된다. 내면이 단단하지 않다면, 외적인 성공은 언제든 무너질 수 있다. 진정한 아웃풋이란 나 스스로 내 마음을 다스리는 것이다. 외부의 어려움 속에서도 흔들리지 않는 힘은 결국 단단한 내면에서 비롯된다.

## 1-8.
# 인생에 변화가 필요해

송진호

　조개구이? 아… 운동 가야 하는데…. 오늘은 꼭 운동하기로 계획했는데, 직원들이 갑자기 조개구이에 한잔하자고 한다. 헬스장은 직장이 있는 도곡에서 두 정거장인 선릉역, 조개구이집은 한 정거장 한티역이다. 나는 동료들의 성화에 한 정거장을 더 가지 못하고 한티역에서 내린다. 못 이기듯 끌려가면서도 조개구이 생각에 슬며시 미소를 짓는다.

　'딱 3년만 다니다가 다른 곳 알아봐야지' 했던 직장을 18년째 다니고 있다. 수원에서 직장이 있는 서울로 출근하면서 많은 변화를 겪었다. 전에는 없던 버스전용차로가 생겼다. 분당선은 수원역을 지나 인천까지 노선이 확장되어 이제는 수인 분당선이다. 2005년, 아들이 태어난 해에 직장을 다니기 시작했다. 원장님을 포함해 3명의 인원으로 시작했던 병원은 서울에만 4개의 지점을 둔 병원으로 성장했다. 첫사랑인 동갑내기 아내와는 같은 과 커플로 만나 8년을 사귀고 결혼했다. 대학 시절과 군 생활을 거쳐 20대 전부를 한 여자만 사랑했고, 수많은 우여곡절 끝에 결혼했다. 그 결실로 아들을 얻었다. 그 소중한 아들이 태어난 2005년부터 2020년까지 15년이라는 시간이 흘렀지만, 내 일상은 별로 달라진 게 없다. 아내와는 육아와 집안일로 신경전을 벌이고, 대화를 하면 서로의 기분을 상하게 하고 끝나기 일쑤였다. 그래도 회사에서는 성실하게 일했고, 능력도 인정받아 뿌듯했다. 해가 지나며 익숙해진 직장 일은 매번 같은 일만 반복되는 것 같아 이직을 알아본 적도 있다. 하지만 쌓아 온 지금의 위치마저 잃을까 두려워 선뜻 결정을 내리지 못했다. 한눈팔지 않고 성실하게 살았노라 생각했는데, 중년의 나를 돌아보니 나이만 들고 남는 것이 없어 허망한 기분이 든다.

2020년 여름, 우연히 유튜브 동영상을 보고 충격을 받았다. 40대 초반에 명예퇴직을 당해 직장을 은퇴하는 내 또래 직장인들의 이야기인데, 그들은 회사라는 울타리를 벗어나자 무엇을 해야 할지 몰라 당황했다. 할 수 있는 일도 마땅치 않아 막막해했다. 나도 직장을 그만두면 딱 저럴 것 같았다. 아들은 이제 중학생, 지금 직장을 그만두면 어떻게 해야 할지 감조차 잡히지 않았다. 그렇다! 나에겐 변화가 필요했다.

변화가 필요하다고 느낀 내가 제일 먼저 선택한 방법은 책이다. 어려운 책보다는 마음에 위안을 주면서 동시에 동기 부여가 되는 책이 필요했다. 가장 먼저 손에 잡은 책은 캐서린 폰더의『부의 법칙』이다. 부의 법칙은 마음가짐과 일종의 끌어당김에 관한 내용이었다. 이 책을 읽고 용기를 얻은 나는 행동하기로 했다. 매번 드라마와 K-POP만 즐겨보던 유튜브 채널들에서 처음으로 주식과 부동산 관련 콘텐츠를 찾아보는 행동을 시작했다. 막상 혼자서는 무언가 이루기가 어렵다는 것을 느낀 2021년, 인터넷에서 홍보하는 자기 계발 플랫폼을 알게 되었고, 무작정 참여했다. 의욕적으로 참여했지만, 내성적인 성격 탓에 앞에 나서지 못하고 사람들이 하는 대로 따라 했다. 숙제하듯 정해진 책을 읽었다. 온라인 줌 모임에 참석하며 카페에 댓글도 열심히 남겼다. 무언가를 열심히 하고 있다는 것 자체로 나에게는 안도가 되었다.

코로나19 시기였기에 온라인 모임이 활발했고, 사람들과 비대면으로 교류하는 것에 익숙해질 무렵이었다. 나는 나를 크게 변화시킬 단어, '아웃풋'을 알게 됐다. 자기 계발 모임에는 성실하고 뛰어난 사람들이 많았다. 그중에서도 유독 눈에 띄는 사람들이 있었다. 처음에는 약이 올랐고, 나중에는 꼴 보기 싫었다가, 이내 인정하게 된다. 능력을 인정하니 그들이 궁금해지기 시작했다.

2021년 12월, 한 해를 마무리하는 마지막 달, 뭔가 의미 있는 일을 하고 싶었다. 모임에 참석하면서 내 안에 있는 것을 표현하는 것에도 방법이 필요하다는 것을 알게 됐다. 채팅방에 올라온 블로그 글에서 아웃풋 스쿨 모집 글이 눈에 들어왔다. 나는 이 모임에 참가하기로 했다.

예전에는 200명이 넘는 대형 플랫폼에서 활동했지만, 이곳은 소수 정예로 운영된다. 내 성격에는 오히려 이런 소규모 모임이 더 잘 맞았다. '딱 한 달만 열심히 해 보자.'

이곳은 100% 인증이 기본이다. 하루라도 빠지면 참가 비용이 반환되고, 즉시 퇴출당한다고 했다. 아웃풋을 하기 위해 가장 먼저 해야 할 일은 인풋(Input)이다. 무언가를 밖으로 꺼내려면, 먼저 안을 채워 넣어야 한다.

일주일에 한 권의 지정 도서를 읽고, 마인드맵을 작성해 인증해야 했다. 내용을 기록하며 책을 읽다 보니, 자연스럽게 좋은 문장을 발췌하고 기록하는 습관이 생겼다. 그렇게 독서 습관이 자리 잡았고, 내용도 더 빠르게 흡수할 수 있게 되었다. 그중에서도 책을 통해 얻은 깨달음을 멤버들과 나누는 시간이 가장 좋았다. 사람마다 생각과 경험이 다르기에 같은 질문에도 각기 다른 답이 나왔다. 덕분에 서로 더 많이 배우게 되었다.

내가 느낀 것을 글로 표현하고, 그것을 말로 나누는 것. '이것이 바로 아웃풋(Output)이구나' 하는 깨달음이었다.

이곳에서는 자신을 낮추는 말은 금기어다. 부정적인 표현을 줄이고, 할 수 있다는 말을 반복해서 듣다 보니, 어느 순간 내 마음에도 변화가 일어나기 시작했다. 처음에는 버겁게 느껴졌던 미션도 일단 시작하니 해낼 수 있었다. 그동안은 못 했던 것이 아니라, 단지 안 했던 것뿐이었다.

부정적인 생각 말고 긍정적인 생각과 말을 해야 한다는 사실. 누구나 알고 있는 사실이다. 그럼에도 제대로 실천하지 못하는 이유는 무엇일까? 실천을 너무 거창하게 생각하기 때문이다.

매일, 매 순간 좋은 생각을 하고, 좋은 말을 의식적으로 반복하는 것. 이것을 꾸준히 이어 가다 보면 어느새 긍정적인 변화가 스며든다. 생각의 가장 첫 번째 표현은 말이라고 한다. 그렇다면 당장 좋은 생각을 하고 지금 좋은 말 한마디를 해 보자. 지금 당장 좋은 글 한 줄을 써 보자. 이것이 부정에서 긍정으로, 그리고 긍정적인 아웃풋을 실현하는 첫걸음이다.

한 달만 참여하려던 아웃풋 모임은 어느새 3년으로 이어졌다.

단순한 한 달짜리 이벤트가 지금은 내 삶의 일부가 되었다. 아웃풋을 지속하는 과정에서 나는 느리지만 강력한 변화를 경험했다. 내 안에서 조용하지만 강한 변화가 시작된 것이다. 먼저 마음이 단단해졌다. 예전보다 더 단단해진 내면은 실생활에 드러난다. 가족들이 나의 변화를 먼저 알아차렸고, 친구들은 내가 평소와는 조금 다르다는 것을 감지했다. 직장 동료들은 내 행동을 이해하지 못했다. 읽지 않던 책을 읽었다. 노트에 계속 생각을 적었고, 컴퓨터 앞에 앉아 글을 썼다. 평소 자주 하던 회식을 줄였고, 운동 시간을 늘렸다. 나는 아웃풋을 실천하면서 성장을 위한 기본기를 배웠고, 성장을 하기 위해서는 무엇이 중요한지를 알게 되었다. 작은 행동으로 커다란 변화를 일으킨 '나의 아웃풋'에 관해 이야기해 보려 한다.

# 1-9.
# 실패해도 괜찮아
정주연

직업란에 전업주부라고 적을 때마다 한숨이 나왔다. 대학, 대학원, 직장까지 앞만 보고 달려왔다. 육아와 경력을 모두 잡아 성공할 줄 알았다. 그러나 지금 나는 아이를 키우는 평범한 전업주부다.

회사를 그만둔 건 더 나은 삶을 위해서였다. 육아와 직장 사이에서 지쳐 가는 선배들을 보며 고민했다. 그런 미래는 원하지 않았다. 철저히 준비하면 원하는 방향으로 나아갈 줄 알았다.

그러나 남편의 갑작스러운 병환으로 모든 계획이 멈췄고, 꿈도 접어야 했다. 누구의 잘못도 아니었지만, 왜 나한테만 이런 일이 생기는지 억울했고, 세상이 원망스러웠다. 결국 온라인 사주 상담을 신청해 베란다에서 울며 하소연했다. 세상에서 가장 불행한 사람 같았다.

아침에 눈을 뜨면 똑같은 하루가 반복됐다. 아이를 키우고, 집안일을 했다. 경력이 단절된 주부라는 현실이 나를 초라하게 만들었다. 스스로가 능력 없는 사람처럼 여겨졌다.

아이의 교육에 집착했다. 아이가 잘하면 내가 인정받는 것 같았다. 나와는 다른 삶을 살기를 바라는 마음으로 아이 교육에 열과 성을 다했다. 하지만 현실은 기대와 달랐다.

아이는 매일 아침 유치원에 가기 싫어했다. 종일 앉아서 공부하는 곳이라 힘들다고 했다. 그런 아이를 달래며 억지로 보냈다. 아이의 기질을 고려하지 않은 채, 남들이 좋다고 하는 교육 방식을 따라갔다. 그게 성공의 길이라 믿었고, 옳다고 생각했다. 하지만 마음 한구석에서는 '정말 이게 우리 아이에게 맞는 걸까?'라는 의심이 떠나지 않았다.

그러던 어느 날, 우연히 이웃 블로그에서 빛코치를 알게 되었다. 육아와 자기 계발 모두 열심히 하시는 분이었다. 그분이 추천하는 프로그램이라 신뢰가 갔다. 내면을 살리는 코치, 아웃풋 전문가. 모든 단어가 생소했다. 이 프로그램이 내게 맞을지 확신할 수 없었지만, 달라지고 싶다는 마음으로 신청했다.

『지금까지 산 것처럼 앞으로도 살 건가요?』

코칭에서 처음으로 추천받은 책이었다. 제목을 읽는 순간, 가슴이 답답해졌다. 지금처럼 계속 살아야 한다는 상상만으로도 숨이 막혔다. 육아에 허덕이는 엄마로 사는 삶이 아니라 내 인생을 살고 싶었다. 아이를 위해 열심히 뒷바라지한다고 믿었지만, 그것은 착각이었다. 지난날의 노력은 아이를 위한 것도, 나를 위한 것도 아니었다. 아이의 행복보다 남들이 정해 놓은 기준을 따르는 데 급급할 뿐이었다.

삶의 중심을 나에게 두려고 했다. 아이 교육에서도 마찬가지였다. 내 욕심보다 아이에게 맞는 환경을 제공해 주고 싶었다. 국제학교를 알아보았지만, 유명한 곳은 입학 경쟁률이 치열했다. 합격하려면 입학시험을 철저하게 준비해야 했다.

입학 지원서는 마치 자식 소개서 같았다. 부모가 아이를 얼마나 잘 이해하는지, 어떤 교육관을 가지고 있는지 설명해야 했다. 막상 글로 적으려니 막막했다. 메모장과 사진첩을 뒤적이며 아이의 성장 과정을 떠올렸고, 유치원과 학원 선생님에게 의견을 구하기도 했다. 인터넷 카페와 후기 글을 찾아보며 다른 사람의 경험도 참고했다.

유치원에 아이를 보내고 종일 원서를 작성했다. 문장을 고치고 다듬었다. 원서가 통과되어야 면접 기회가 주어졌다. 모든 게 내 노력에 달린 듯했다. 완벽하게 쓰고 싶었다.

원서 합격 소식을 듣자마자 면접 준비를 시작했다. 이번에는 아이가 노력할 차례였다. 하원 후 다양한 수업에 참여했다. 낯선 환경에 빠르게 적응하기 위한 연습이었다. 처음에는 울거나 교실에 들어가길 거부했지만, 시간이 지날수록 점점 익숙해졌다. 마지막 수업에서 합격 가능성이 있다는 긍정적인 평가를 받았다. 그동안의 노력이 결실을 맺을 수 있다는 희망이 생겼다.

시험 당일, 아이가 갑자기 울음을 터뜨렸다. 달랠수록 오히려 더 크게 울며 시험을 거부했다. 당황스러웠다. 다행히 인솔 교사의 도움으로 겨우 시험장에 들어갔다. 내심 좋은 결과를 기대했지만, 면접 막바지에 입실했다는 사실을 알고 어느 정도 결과를 예상할 수밖에 없었다.

집으로 돌아오는 길, 창밖을 바라보다 눈물이 났다. 아이도 울었다. 열심히 준비했지만, 결과는 내 뜻대로 되지 않았다. 무엇이 문제였을까. 완벽하게 준비했는데.

빛코치에게 연락이 왔다. 면접 이야기를 하며 눈물이 멈추지 않았다. 한 시간 넘게 통화하며 깨달았다. 나는 여전히 과정보다 결과에 집착하고, 실패를 두려워하고 있었다.

언젠가부터 실패는 패배처럼 느껴졌다. 능력이 부족하다는 증거 같았다. 회사와 학교에서 눈치 보며 쌓인 두려움이 남아 있었다. 실패할까 봐 시도하지 않거나 원하는 결과가 아니면 패배자가 된 듯했다. 그녀는 실패해도 괜찮다며, 다시 시작하면 된다고 했다. 실패는 끝이 아니라 과정이라고.

아이가 꽃길만 걷기를 바랐다. 완벽하게 준비하면 단번에 붙을 거라 믿었다. 하지만 착각이었다. 실패는 언제든 올 수 있었다. 중요한 건 도전하고 노력하는 태도였다. 실패하지 않는 법이 아니라, 다시 일어서는 힘이 필요했다.

시험 전날, 아이에게 했던 말이 떠올랐다. 응원의 뜻으로 했던 말이 도리어 부담감을 키웠다는 걸 깨달았다. 실패를 두려워하게 만든 건 다름아닌 나였다. 과거로 돌아갈 수는 없지만 더 이상 내 불안을 아이에게 물려주고 싶지 않았다. 이 경험을 계기로 실패를 바라보는 시각을 바꿔야겠다고 다짐했다.

아웃풋 스쿨 육아 모임에 참여했다. 실패를 딛고 일어서는 아이들은 무엇이 다를까? 그 비법이 궁금했다. 아웃풋 스쿨에서는 책을 읽는 것만으로는 변하지 않는다고 했다. 읽고, 깨닫고, 행동해야 한다고 했다. 느낀 감정을 노트에 적고, 아이에게 편지를 썼다. 면접 날 아이가 속상했던 건 결과보다 엄마의 눈물 때문이었겠다고 생각했다.

아이의 두려움을 없애기 위해 실패 연습을 시작했다. 대신해 주던 일을 멈추고 스스로 하게 했다. 물컵을 쏟거나 음식을 흘려도 괜찮다고 다독였다. 철봉에서 떨어져도 다시 하면 된다고 했다. 실패해도 괜찮다는 걸 경험으로 직접 배우길 바랐다.

다른 국제 학교 면접이 다가왔다. 아이에게 의사를 물었다. 아빠는 시험을 반대했지만 아이는 말했다.

"엄마, 아빠는 내가 못 할 거라고 해. 나 이번엔 잘할 수 있어. 해볼래."

예상치 못한 대답이었다. 지난 실패에서 배운 게 있었다. 결과는 합격이었다.

실패는 끝이 아니었다. 배움과 성장의 과정이었다. 아이의 변화를 보며 아웃풋의 힘을 느꼈다. 실패를 성장으로 바꾸는 건 행동이었다. 어떤 일에 도전한다는 건 실패와 성공 모두의 가능성을 열어 두는 일이다. 한 번의 실패는 단순한 좌절이 아니라, 실패할 수도 있는 허점과 오해를 하나 배웠다는 의미다. 결국, 성공할 확률이 조금 더 높아진 셈이다. 중요한 것은 다시 도전하는 일이다. 실패를 통해 배우고 익힌 사람은 망설이지 말고 다시 나아가야 한다. 바로 이 재도전하는 행동 하나가 삶을 통째로 바꾼다.

변화가 필요한 건 나였다. 내 인생을 바꾸고 싶어졌다. 그렇다면, 나도 행동해야 했다. 독서하고, 글을 쓰고, 아웃풋 관련 공부를 지속하기로 했다. 아이를 키우는 엄마지만, 이번 일을 계기로 나 또한 도약할 기회를 찾았다. 아이 앞에, 우리 가족 앞에, 무엇보다 나 자신에게 부끄럽지 않은 사람이 되고 싶다.

행동하는 사람은 변명이나 핑계를 대지 않는다. 앞으로도 수많은 실패를 마주하겠지만, 그 모든 실패를 디딤돌 삼아 더 나은 나로 성장해 갈 것이다.

　성장은 실패를 넘어선 행동에서 온다. 일단 시작해야 한다. 시도하지 않으면 기회조차 없다. 작은 행동이 쌓여 변화를 만든다. 실패해도 괜찮다. 앞으로 나아가는 것이 중요하다. 아웃풋은 행동이다.

# 1-10.

# 고통이 나에게 말해 준 것

최유라

퇴근 후 집으로 가는 버스를 탔다. 저번에는 친구가 오지 않아서 운동을 건너뛰었다. 이번에는 날씨가 추워서 안 가기로 결심했는데, 기분이 썩 좋지 않았다. 운동을 시작하면 3개월 이상 꾸준히 한 적이 거의 없었다. 종목을 자주 바꿨고, 수강 기간을 다 마치기도 전에 그만둔 적도 많았다. 집으로 가는 길에 편의점에 들러 캔맥주 4개와 과자를 샀다. 운동을 가지 않기로 했으니, 오늘 밤만큼은 제대로 즐기기로 했다. TV를 틀고 소파에 앉아 얼음이 가득한 컵에 맥주를 따랐다. 한 모금 마셨다. 평소 즐겨 마셨던 맥주 맛이 이전과 달랐다. 다시 마셔 보았지만, 여전히 맛이 이상했다. 과자 맛도 달랐다. 입맛이 변한 건지, 아니면 운동에 가지 않았다는 사실이 기분에 영향을 준 건지 알 수 없었다.

운동을 하는 이유는 단 하나였다. 살을 빼기 위해서. 뚱뚱한 허벅지, 출렁이는 팔뚝 살, 튀어나온 뱃살이 싫었다. 얼굴은 크고 목은 짧다고 느꼈다. 키가 더 컸으면 좋았을 텐데. 키 큰 사람들이 늘

부러웠다. 태어날 때부터 날씬하게 태어난 사람들이 부러웠다. 날씬하게 태어났다면 운동할 필요도 없다는 생각을 매일 했다. 외출 준비를 하며 전신 거울 앞에서 스카프를 매고 있는 엄마 옆에 섰다. 까치발을 들어 엄마와 키 차이를 좁혔다. 남들 클 때 키 안 크고 뭐 했냐는 엄마의 말에 아무 대답도 하지 않고 방으로 들어갔다. 방문 앞에 있는 거울을 보니 키가 작고 뚱뚱한 내가 서 있었다. 한동안 거울을 째려보았다.

"엄마가 너를 임신했을 때 아들이 아니면 지우려 했지만, 아빠가 그냥 낳자고 했다. 아빠 덕에 세상에 나왔으니, 아빠한테 감사하며 살아라."

어린 시절부터 이 말을 들을 때마다 한 단어로 표현할 수 없는 복잡한 감정이 들었지만, 아무런 반응을 하지 못했다. 어른이 된 후에도 부모님은 그 말을 반복했다. 그럴 때마다 감사함을 강요받는 것 같았다. 사실 세상에 태어난 것이 좋다고 느껴 본 적 없었다. 먹여 주고, 재워 주고, 학교에 보내 주는 일은 자식을 낳았다면 부모로서 당연히 해야 할 의무라고 생각했다. 가끔 부잣집이나 외국으로 입양됐다면 어땠을까, 남자로 태어났으면 어땠을까 하는 상상을 하기도 했다. 부모가 원해서 태어난 존재가 아니라 딸 많은 집의 딸 중 한 명일 뿐이었다. 키도 작고, 외모도 별로였고, 특별히 잘하는 것도 없고 직업도 변변치 않았다. 이런 삶에서 무엇을 감사해야 하는지 알 수 없었다. 아니, 감사하기 싫었다.

감사하기 싫은 마음은 언제부터인가 뿌리 깊게 자리 잡았다. 부모님에 대한 원망은 큰언니가 스스로 생을 마감하면서 폭발했다. 세 명의 언니 중에서 나와 가장 닮은 큰언니. 외모도 성격도 비슷했다. 열 살 차이가 나는 큰언니는 나를 누구보다도 아껴 주었다. 내가 고등학교 때는 엄마 몰래 휴대 전화도 사 주었다. 만화와 영화를 좋아하던 언니는 영화 동아리 활동을 했었다. 언니 덕분에 어린 시절부터 만화와 영화를 접하며 문화생활을 즐길 수 있었다. 언니와 드라이브를 간 적이 있다. 바닷가를 걸으며 엄마, 아빠 흉을 보며 신나게 웃었다. 푸드트럭에서 핫도그를 사 먹으며 장난쳤다. 근처 절에 도착하자마자 스피커에서 "자식은 부모를 공경해야 하며…"라는 소리가 흘러나왔다. 우리는 서로를 보며 웃음을 터뜨렸다. 처음이자 마지막이 되어 버린 언니와의 단둘만의 드라이브, 그날의 기억은 아직도 생생하다.

언니가 스스로 목숨을 끊은 이유 중 하나는 부모님 때문이라 생각했다. 첫째라 부모님은 더 많은 기대를 했다. 만화책을 많이 보고 공부를 잘하지 못해 엄마에게 자주 혼났다. 부모님의 기대에 못 미치는 딸, 안 예쁜 사람, 공부 못하는 사람이라 생각하고 살았다. 자존감을 떨어뜨리는 말들이 언니의 마음에 깊은 상처를 남겼다. 언니와 나는 성향이 비슷했다고 생각한다. 마음이 여려서, 여린 마음을 감추기 위해 더 강한 척했을 것이다. 그래서 더 목소리를 높이고, 콤플렉스를 조금이라도 건드리는 말을 들으면 불같이 화를 내며 집에서는 몰래 울었을지도 모른다. 남편조차 언니의 깊은 상처와 외로움을 채워 줄 수 없었다. 깊은 우울감과 상실감을 홀로 견뎌야 했다. 살아가면서 누구에게나 단 한 사람의 든든한 내 편이 필요하다. 그 역할을 부모가 해 줄 수 있다면 더할 나위 없이 좋겠지만 부모님은 해 주지 못했다고 느꼈다.

양가 가족들로만 채워져 있던 언니의 텅 빈 장례식장. 회사에서는 터져 나오는 눈물을 겨우 참아 가며 일을 했다. 친한 친구가 사고로 세상을 떠났다고 둘러대고, 발인 날을 맞았다. 생의 마지막 순간까지 언니는 친한 친구조차 부르지 못하고 혼자 외롭게 이승을 떠났다.

잠이 오지 않았다. 밤마다 혼자 울고, 소리 내지 못하는 악을 질렀다. 부모님과 마주치는 게 싫어서 방에서 나오지 않았다. 퇴근 후에도 밖에서 시간을 보내며 늦게 집에 들어갔다. 그러다 배움이라는 탈출구를 찾았다. 하나라도 더 배우려 했고, 매일 바쁘게 지냈다. 주변 사람들은 열심히 산다고 칭찬했다. 그런 말을 들을 때면 잠시나마 인정받는 것 같아 좋았다. 오랜 시간 오르내리는 감정 속에서 살다 보니, 우울감과 슬픔이 어느새 내 일부가 되어 버렸다.

해가 지며 어둑해진 저녁, 둘째 언니의 차를 타고 집으로 향하고 있었다. 갑자기 나무 같은 형체가 보여 언니는 급브레이크를 밟았다. '쿵!' 하는 둔탁한 소리와 함께 자동차 앞 유리에 무언가 부딪혔다. 그 누구도 사람이 있을 거라 생각하지 못한 도로였다. 그곳에 사람이 있었다. 119. 숫자 3개를 누르는 손이 심하게 떨렸다. 차가운 아스팔트 위에 무릎을 꿇고 필사적으로 심폐소생술을 시작했다. 제발. 제발. 간절한 바람에도 그분은 결국 세상을 떠났다.

그 이후 불면증이 더 심해져 잠을 제대로 잘 수가 없었다. 밤마다 악몽에 시달렸고, 조그마한 소리에도 소스라치게 놀라곤 했다. 수면 부족은 예민성을 한층 더 끌어올렸다. 사고 장면이 끊임없이 머릿속에서 반복됐다. 영화 장면처럼 자동 재생 되는 그날의 기억이 괴로워 밤마다 술을 찾았다. 누군가에게 이 모든 것을 털어놓고 위로받고 싶었다. 상담을 알아봤지만, 한 번으로 끝나지 않을 상담 비용을 감당할 자신이 없었다. 신에게 따지고 묻고 싶었다. 왜 하필 나인지, 왜 이런 고통을 나에게 겪게 하는지. 누군가는 평생 살아도 겪지 않을 일들을 경험하니 살아가는 게 무서웠다. 슬픈 삶이 운명인가 싶었다. 모든 것을 내려놓고 싶었다. 사는 것은 그저 고통이었다.

시간이 흐르고 나서야 깨달았다. 삶에 찾아온 슬픔과 상처는 나를 무너뜨리기 위함이 아니라, 더 단단해질 기회라는 것을. 살다 보면 누구나 크고 작은 슬픔과 아픔을 마주하게 된다. 중요한 것은 그런 순간에도 나 자신을 믿는 것이다. 무너질 만큼 약한 사람이 아니라, 무너짐 속에서도 다시 일어날 수 있는 사람임을 믿는 것이다. 고통은 지금보다 성장하기 위한 기회라고 생각하는 것이다.

지금 힘든 시간을 보내고 있다면, 꼭 기억해야 할 것이 있다. 우리 스스로는 이미 충분히 잘 해내고 있고, 앞으로도 해낼 수 있는 사람이라는 것이다. 슬픔만으로 채워질 운명을 가진 사람이 있다면 오히려 고통의 상처를 이겨 내어 더 빛나는 이야기로 자신의 운명을 바꿀 수 있는 사람이다. 자신을 믿고, 오늘 하루만 견뎌 보자. 하루하루 쌓이는 작은 실천의 노력이 결국 우리를 새로운 곳으로 데려다줄 것이다. 나 자신을 믿는 순간, 내 삶도 나를 믿고 나아간다. 그 믿음이 마음속에 단단히 자리 잡기를 진심으로 바란다.

# 2장

# 지식과 경험이라는 무기

# 2-1.
# 그래, 해 보는 거야

강단교


싸가지 없어 보인다. 말 걸기 무섭다. 차가워 보인다. 일부러 따돌리는 줄 알았다. 첫인상으로 자주 듣는 말이다. 사람들은 친해지기 어려운 스타일이라고도 말한다. 어릴 때부터 부끄러움을 많이 탔다. "안녕하세요." 이 한마디가 목구멍 밖으로 쉽게 나오지 않았다. 엄마 손을 잡은 채 몸을 배배 꼬며 엄마 다리 뒤로 숨어 기어들어 가는 목소리로 말끝을 흐렸다. 성인이 돼서도 사람 많은 곳, 처음 가는 장소에서는 긴장했다. 웃음기 없는 표정, 상대방을 똑바로 바라보지 못하고 아래로 내리까는 눈. 무뚝뚝한 태도. 말수도 적은 편이었고, 머릿속에 맴도는 생각이나 마음을 표현하지 못해 오해를 불러오기도 했다. 혼자 생각하고, 혼자 오해하며 상처받는 일도 잦았다.

일어나지도 않은 일들을 미리 걱정하며 신경을 곤두세웠다. 부정적인 면부터 생각하고 상상했다. 이래서 안 돼. 저래서 안 돼. 되는 것보다 안 되는 이유가 더 많았다. 그러다 보니 시작도 하기 전부터 겁내고 어려워하며 포기했다. 내성적인 성격에 끊이지 않는 불안과 걱정까지. 표정이 밝을 수 없었다.

"그랬다고요? 어떻게 이렇게 변할 수 있죠?"

최근 만난 사람들은 활발한 성격이라고 생각하는 경우가 많다. 소심하고 내성적이라고 말하면 믿지 않는다. 오래 알고 지낸 사람들이 진짜라고 말해 줘야 믿어 준다. 이제는 잘 웃고 말도 많아졌다. 신나게 떠들다 보면, 너무 말이 많아서 나조차 깜짝 놀랄 때가 있다. 여전히 긴장하지만, 뚱한 표정으로 앉아 있진 않는다. 긴장한 순간에도 방긋 웃어 보일 여유가 생겼다. 절대 바꿀 수 없는 것이 성격이라고 여기며 살았다. 나도 모르는 사이에 삶의 태도가 달라졌다. 한가지 이유를 콕 찍어 말하기 어렵다. 독서를 시작으로 배움과 도전 그리고 실천을 반복하는 과정에서 변화가 일어나기 시작했다.

책을 읽고 아웃풋 하는 방법을 배웠다. 마음 가는 문장에 밑줄을 긋고, 책의 자투리 공간에 느낀 점과 생각을 적었다. 책장을 넘기며, '나도 그랬었지, 그 기분 이해한다'며 공감하고 위로받았다. 좋은 문장은 내 상황과 처지에 맞게 바꿔 나만의 문장으로 만들었다. 그렇게 하다 보면 묻어 두었던 기억들이 떠올랐다. 그때는 보지 못했던 긍정적인 면을 발견할 수 있었다. 문제를 다른 시각에서 바라보게 되었다. 그 과정에서 읽기만 하는 독서를 넘어 배우고, 깨닫고, 반성하며 좋은 점을 삶에 적용하는 아웃풋 독서를 하기 시작했다.

매주 그룹 코칭 모임에 참여했다. 같은 책을 읽고 주어진 질문에 대해 참가자들과 각자의 생각을 나눴다. 예상치 못한 질문을 받을 때면 머리가 하얘졌고, 알고 있던 내용도 기억나지 않았다. 생각을 차분히 정리해 말하는 것도 어려웠다. 꾸준히 모임에 참여하다 보니 자연스럽게 적응하게 되었고, 더 이상 긴장하지 않게 되었다. 오히려 모임 시간을 기다리게 되었다. 다양한 사람들의 관점 접하며 이해의 폭이 넓어졌고, 생각이 점차 유연해지는 것을 느꼈다.

리더의 생일. 그림을 잘 그리는 참가자에게 캐릭터를 그려 달라고 부탁했다. 샛노란 바탕에 캐릭터, 케이크 그림, '소영아, 사랑해'라는 문구와 생일 축하 메시지를 넣은 플래카드를 디자인했다. 그동안 배운 아웃풋의 결과물이다. 캐릭터를 넣은 티셔츠, 무선 이어폰 케이스, 수건, 파우치도 제작했다. 문구와 배치, 전체적인 느낌이 모두 만족스러웠다. 이전에 만들었던 어설픈 현수막이 떠올랐다. 컴퓨터 앞에 앉아 이것저것 눌러 보며 어쩔 줄 몰라 하던 모습도 기억났다. 부족했던 내 모습을 떠올리니 '나, 많이 나아졌구나'라는 생각에 입꼬리가 올라갔다. 당근 케이크도 만들었다. 디지털 도구와 제빵 실력을 제대로 발휘한 순간이었다. 사람들과 아이디어를 내고 계획을 짜는 동안, 때로는 진지하게, 때로는 신나게 웃으며 잊지 못할 추억을 만들었다. 이벤트를 준비하며, 다른 사람을 기쁘게 해 주는 일에 적극적인 사람이라는 것을 알게 되었다.

디지털, 그 '디' 자 말만 들어도 도망치고 싶었던 컴맹이었다. 디지털 도구를 이용해 만든 독서 노트를 처음 봤을 때의 기억이 아직도 생생하다. 가운데 책 제목과 표지 이미지가 배치되어 있었고 제목에서 여러 가지가 뻗어 나와 핵심 문장들이 정리되어 있었다.

하부 가지들도 있었으며, 이 가지들은 사라지기도 했고, 다시 펼쳐지기도 했다. 신기했지만 나 같은 아날로그 인생이 그런 것에 관심 두는 자체가 사치라고 생각했다. 알려 줘도 할 수 없을 것 같아 그게 뭔지, 어떻게 하는지 물어보지도 않았다.

한참 지나고 나서야 그게 마인드맵이라는 도구란 사실을 알게 되었다. 배우고 나니 엔터키와 스페이스바 그리고 마우스 클릭만으로도 간단히 마인드맵을 그릴 수 있었다. 익숙해지기까지 시간은 걸렸지만, 시도하지 못할 정도로 어렵지 않았다. 수준에 맞게 필요한 기능을 익히고 독서 노트, 계획 세우기, 강의 정리 등 다양하게 활용하다 보니 점점 실력이 늘었다. 더불어 편하게 쓸 수 있는 도구들이 다양해졌다. 어려워 보이는 것도 배우고 반복하다 보면 실력이 좋아지는 것을 경험했다. 작은 성취가 모이니 할 수 있다는 자신감이 생겼다. 다양한 첫 도전은 새로운 시도에 대한 두려움을 줄여 주었다.

특히, '미리캔버스'는 템플릿을 활용해 쉽게 디자인할 수 있는 도구다. 특별한 날을 기념하는 현수막, 감사 카드, 배경 화면, 로고 등을 디자인해 선물했다. 사람들은 직접 만든 정성을 알아봐 주었고, 작은 선물을 받고 기뻐하는 모습을 보며 나도 행복해졌다. 특별한 날을 더욱 의미 있게 만들 수 있다는 것만으로도 보람을 느꼈다.

식당을 오픈하면서 개업식 초대장, 길 안내문, 간판, 도장, 메뉴판, 명함까지 내 손으로 디자인했다. 원하는 대로 만들 수 있어 만족했고, 비용 절감은 덤이었다. 다양한 활용을 통해 실생활에 유용하게 사용할 뿐 아니라 사람과 사람, 마음과 마음을 연결하는 다리 역할도 해 주었다.

어릴 때부터 낯가림이 심해 사람들과 쉽게 어울리지 못했다. 독서, 글쓰기, 토론을 통해 서서히 변화하기 시작했다. 생각을 기록하고 나누며 감정을 자연스럽게 표현하는 법을 배웠다. 다양한 도구를 익히고 활용하면서 작은 성취를 쌓았다. 배움과 도전의 경험이 나를 성장시켰고, 삶의 태도까지 바꾸어 놓았다.

미국의 소설가 지그 지글러는 "시작하기 위해 훌륭할 필요는 없지만, 훌륭해지기 위해서는 시작해야 한다"고 말했다. 모든 과정에는 '처음'이 존재한다. '첫 경험'을 반복하다 보면 도전에 대한 두려움이 점차 줄어들고, 도전에 대한 인식도 달라지기 시작한다. 막상 시작해 보면 생각보다 어렵지 않은 경우가 많다. 변화는 불가능한 것이 아니라 시도하고 반복하는 과정에서 서서히 이루어진다. 도전이란 거창한 것이 아니라, 아주 작은 첫걸음을 내딛는 것이다. 도전이야말로 아웃풋의 기본이다.

## 2-2.

# 배움에서 실천으로

김은진

독특한 독서 모임이었다. 리더가 있는 소규모 모임은 처음이다. 블로그 모집 글에 '변화를 꿈꾸고 변화가 될 수밖에 없는 곳'이라고 적혀 있었다. 신청한다고 바로 들어갈 수 있는 곳이 아니었다. 블로그에 인적 사항을 댓글로 남겼다. 모르는 전화번호가 떴다. 두근거리는 마음으로 전화를 받았다. 배짱 하나는 두둑한 편인데, 떨렸다. 리더는 나라는 사람에 대해 진지하게 묻고, 살아온 이야기를 들어 주고, 배움에 대한 열정을 진심으로 궁금해했다. 지금껏 나에 대해 진술하게 이야기해 본 적이 없었기에 길지 않은 대화였지만 특별한 경험이었다. 나를 채우기 위해 끊임없이 배움을 갈망했던 이야기를 했다. 수많은 시도와 실패 속에서도 포기하지 않았던 이유는 단 하나였다. 더 나은 사람이 되는 것!

간절함이 통했는지 2024년 2월 나는 제대로 된 공부를 시작하게 되었다. 소수 정예로 구성된 모임으로, 함께 책을 읽고 생각을 나누는 곳이었다.

첫 시작은 아이들을 위한 독서 프로그램이었다. 항상 부족한 엄마라고 생각했다. 너무 일찍 어린이집에 보낸 것도 미안했다. 아이들을 위해 더 나은 엄마가 되고 싶었다. 육아서를 읽고, 그룹 채팅방에 아웃풋 한 내용을 올렸다. 토요일 새벽 6시에 줌으로 만나 육아의 고충을 나누고 책 내용을 주제로 토론하는 시간을 가졌다. 모임의 구성원들은 각기 다른 환경에서 아이를 키우고 있었기에 문제점도 다양했다. 하지만 아이를 사랑하고 잘되기를 바라는 마음만은 모두 같았다.

일을 하며 육아를 병행하다 보니, 내가 육아를 잘하고 있나 의문이 든 적이 많다. 휘몰아치듯 하루를 보내고 나면 아이들의 이야기에 귀 기울일 여유조차 없었다. 생각해 보면 아이들의 문제라기보다는 내 문제였다. 알지만 일을 핑계로 합리화하면서 문제를 직시하려 하지 않았다. 마음에 여유가 없으니 아이들에게 작은 일에도 화를 냈다. 회사에서 스트레스받은 일도 집까지 끌고 들어왔다. 아이들에게까지 감정적으로 대하는 일이 많아졌다. 후회하고 미안해하며 눈물 흘리는 것이 일상이 되어 갔다. 육아서를 읽기 시작하며 아이들에게 고마운 일들을 공책에 적었다. 존재만으로도 감사한 아이들인데, 내 욕심에 많은 것을 요구했구나. 욕심을 내려놓으니 다른 방향을 볼 수 있었다. 인식을 바꾸니 아이들이 건강하게 자라 준 것만으로 감사하게 되었다. 책을 읽는다고 바로 달라지는 건 아니었다. 유혹에 시달리고 하기 싫은 날도 있었다. 그래도 함께 이야기하고 읽은 내용을 삶에 적용해 보니 일상이 좋은 쪽으로 변하고 있음이 느껴졌다. 책만 읽고 이해하는 정도의 독서를 하다가 일상생활에도 적용했다. 선언도 하고 행동을 바꾸려는 작은 시도를 통해 스스로 변화를 느꼈다.

　육아 공부로 워밍업하고 나서 경제 공부를 시작하게 되었다. 돈에 대한 개념도 없고, 저축 습관이나 투자 관련 내용도 전혀 몰랐다. 경제라는 말만 들어도 나와는 상관없는 이야기로 생각했다. 코로나19 때 온 국민이 주식으로 돈 벌었다고 했을 때, 국내 주식에 투자했다가 -80% 수익을 유지하고 있다. 투자, 말만 들어도 진저리났다. 나와 성향이 맞지 않다고 생각했다.

　첫 경제 공부도 시작했다. 미국 배당 주식에 관련된 책이었다. 유튜브에서 주식에 대한 붐이 있었을 때 다양한 주식 투자에 대해 들었지만, 자세히 알려 주지는 않았다. 어떻게든 해 보려고 노력했었다. 유튜브 영상으로 제대로 된 경제 공부를 하기엔 경제 상식이 없어 어렵게만 느껴졌다. 경제 책을 함께 읽고, 마인드맵으로 정리하고, 일주일에 한 번 줌에서 만나 서로 의견을 나누는 교육 방식이었다. 처음 겪는 교육 방식! 수준이 난이도 상이다. 코칭 질문을 미리 주기 때문에 그것에 대한 답을 적고 줌 수업에 발표하는 방식이다. 1:1 토론을 하고 다시 만나서 여러 사람들과 의견을 나눈다. 책 한 권을 가지고 한 달 동안 생각을 이야기하고 질문에 답한다. 오로지 책 한 권을 씹어 먹는 느낌이 들었다.

　이전에는 책을 많이 읽는 것 자체에 집중했고, 읽은 책이 늘어날 때마다 느껴지는 만족에 집중했다. 책 한 권을 한 달 동안 분석하듯 읽으니 더 얻는 게 많았다. 표면적으로 흡수하는 지식이 아닌, 마음 깊숙이 남는 느낌이었다. 이런 새로운 방식의 공부는 더 특별하게 느끼게 했고, 일에 대한 자신감도 북돋아 주었다. 속으로는 '나 이런 것도 공부하는 사람이야'라고 뿌듯함을 느끼며 한 단계 성장하는 자신을 발견했다. 혼자라면 중간에 포기했을지도 모른다. 하지만 함께 매일 인증하는 시스템 속에서, 나만 못하면 뒤처지는 느낌이 들었다. 이런 자극 덕분에 더욱 악착같이 공부를 이어 갈 수 있었다. 의욕이 넘쳤고, 하루라도 미션을 놓치면 잠을 자다가도 깨어나 이를 완수했다. 이렇게 하루를 끝내는 습관이 생겼고, 그 과정에서 자기 만족감과 성취감을 동시에 느꼈다.

첫 번째 경제 공부는 미국 주식이었다. 좋다는 건 알았지만, 미국 주식을 어떻게 사야 하는지는 몰랐다. 배당 투자에 대해 읽은 책이 『나는 배당투자로 매일 스타벅스 커피를 공짜로 마신다』였다. 미국 배당 주식에 관한 책이었는데, 토론하기 위해 모였다가 시간이 미국 장이 열리는 시간이라 다 같이 토스에서 배당주를 샀다. 토스에서 미국 주식을 살 수 있는 것도 처음 알았고 천 원으로도 살 수 있다는 것에 더 놀랐다. 어렵게만 생각했는데 클릭 몇 번으로 미국 주식에 투자할 수 있었다니 이렇게 쉬운 것을 그동안 너무 어렵게만 생각했던 나를 반성했다. 이후 꾸준히 상승하는 미국 배당주를 보며 작은 성공의 기쁨을 맛보았다. 내친김에 파란불 국내 주식을 조금 정리하고 미국 주식에 투자했다. 처음에는 비슷하게 가는 양상이었지만 점점 오르더니 빨간불을 잘 유지하고 있다. 국내 주식에서 느꼈던 실망감과는 달리, 미국 주식에서의 긍정적인 경험은 새로운 자신감을 주었다. 행동으로 직접 실행하지 않으면 지식은 결국 흩어지고 만다. 배운 것을 실천하며, 경험을 통해 진정한 깨달음을 얻어야 한다.

경제 공부를 하면서 두 번째로 ChatGPT에 관해 공부했다. 뉴스를 통해 들어 보긴 했으나 사용해 보진 않았다. 『AI 2024 트렌드&

활용백과』라는 책을 통해 인공지능이 세상을 바꾼다는 걸 알게 되었다. 다양한 AI 플랫폼을 알게 되고, 그중에서도 ChatGPT를 사용하고 연습하면서 그 진가를 알게 되었다. 무엇이든 알고자 하면 답을 줬다, 특히 사무적으로 필요한 서류를 만들 때 알라딘의 요술 램프처럼 바로 답을 주니 신기한 보물처럼 여겨졌다. 무료 버전보다는 유료 버전이 훨씬 풍부한 정보를 주는 것 같아 유료 버전을 구독하게 되었다. 궁금하면 언제든지 물어봤다. 함께 협력하는 동료 같은 느낌이었다. 일에 접목하면서 어떤 일이든 무서울 게 없었다. 무엇이든 다 처리할 수 있을 거 같았다. 업무 지시가 내려오면 "제가 하겠습니다."라는 말이 저절로 나왔다. 조금 도움을 받아 일과 연결하니 일이 너무 재미있게 느껴지고, 더 능동적으로 일을 하게 되었다. 이런 적극적인 모습을 인정받아 일찍 승진의 기회를 얻었고, 모든 일이 술술 풀리는 것처럼 느껴졌다. 이렇듯 새로운 공부를 통해 접목하니 삶의 질이 훨씬 향상되었다.

　손자병법에 '공부 잘하는 사람만이 사회에서 성공하는 것이 아니다. 배운 것을 응용할 줄 알아야 한다.'라는 말이 있다. 단순히 지식을 축적하는 것이 아닌 그것을 실생활에 적용함으로써 진정한 가치를 창출할 수 있다. 인공지능이라는 도구로 업무를 쉽게 처리하고 같은 시간에 많은 일을 할 수 있게 되었다. 많은 사람들이 인공지능에 대해 알고는 있지만 쓰는 사람들은 얼마나 될까? 전 세계 인구의 3% 조금 넘게 쓰고 있다고 한다. 내가 그 상위 3%에 들어간 것이다. 배워서 내 실생활에 응용까지 하게 된 것이다. 아웃풋이란 것은 내 삶에 적용할 때 비로소 그 쓸모가 나타난다. 알고만 있다고 쓸모가 생기는 것이 아니다. 직접 내가 해 봐야 한다. 책에 있는 내용을 읽고, 그것을 적용해 보고, 반복적으로 연습하다 보면 어느 순간 그것이 기술이 되고, 나만의 경쟁력이 된다. 두려워하지 말고, 배운 것을 삶에 적용해 보자. 작은 변화에서부터 시작해 점점 더 큰 성취를 이룰 수 있을 것이다. 중요한 것은 행동하고 실천하는 것이다. 그것이 삶을 바꾸는 첫걸음이다.

# 2-3.
## 변화의 시작, 내 안의 나를 만나다
김채원

'독서 모임에 가입하고 싶다'라고 아침에 톡을 보냈더니 전화가 왔다. 이게 뭐라고 떨린다. 전화 면접인 건지 무조건 다 받아 주는 건 아닌 모양이었다. 독서 모임이 아니라 아웃풋 코칭을 하는 곳이라 설명을 들었고, 다음 주 코칭 약속을 잡았다. 아웃풋이 뭔지 생소했다.

첫 줌 강의가 있던 날, 코치가 질문하는데 머릿속이 하얘지며 답변하기 어려웠다. 투자 얘기라면 답변하기 조금 쉬웠을지 모르겠다. 며칠간 계속해서 질문이 자꾸 떠오르고 머릿속을 떠나지 않았다. 나에게 실패, 성공, 행복이란? 그리고 나는 어떤 사람인지, 5년 후 어떤 모습이 되고 싶은지. 생각할수록 머리가 아팠다.

코치는 내면이 단단하면 어떠한 상황 속에서도 극복하여 나갈 수 있다고 내면의 중요성을 강조하였다. 첫 주부터 감정 일기와 독서 아웃풋을 과제로 내주었다. 첫 지정 도서는 김창옥 작가의 『지금처럼 산 것처럼 앞으로도 살 건가요?』였다. 공감되는 부분이 많았고 위로받았다. 일기 쓰기가 어려울 거라고는 예상하지 못했다. 노트를 펼치고 감정을 쓰려니 한 줄도 쓸 수가 없었다. 노트만 멍하니 바라보다가 시간만 보내곤 했다. 나의 감정을 들여다본 적이 없으니 감정을 표현하는 것이 낯설고 불편했다. 피하고 싶었다. 벌써 포기할 이유부터 찾는 나였다. 첫 주에는 감정이 빠진 일기 몇 편과 아웃풋 독서 한 편만을 냈다. 미션 수행이 힘들었다.

코칭을 받으면서도 과거 얘기가 나오면 부정적인 말이 자꾸 튀어나왔다. 지난 얘기를 꺼내면 감정 조절이 여전히 힘들었다. 변연계의 활성화와 전두엽에 대해 그리고 감정을 처리하는 방법들에 대해서 새롭게 알게 되었다. 오랫동안 감정에 휘둘리고 살았다. 외부 환경과 감정에 휘둘리지 않기 위해 선택과 훈련으로 통제할 수 있다고 하는데, 그게 정말 가능할까? 어떠한 부정적인 생각과 말 금지, 비교하는 것 금지, 과거에 대한 후회나 자책도 금지였다. 50분의 코칭 시간은 금세 지나갔다.

매일 아침, 운동복으로 갈아입고 잠을 잘 자든 못 자든 아침 7시 30분이면 아파트 지하 운동 시설로 향했다. 노트북, 그날 읽을 책과 일기를 적을 노트, 아웃풋 기록할 노트와 필기도구를 챙긴다. 무릎 보호대도 필수다. 가방이 묵직해졌다. 과제를 제대로 해내고 싶다.

일상만 기록하던 일기였는데, 나와 마주하며 차츰 솔직한 감정을 쓰기 시작했다. 열심히 살았지만 모든 걸 잃고, 원망하고, 자책하던 지난날의 내 모습. 술을 마셔야 잠시라도 잠들 수 있었고, 아침에는 아무렇지 않은 듯 밥상을 차렸다. 한창때의 아이들이라 아침밥을 챙겨 주었고, 이사 온 지 얼마 되지 않아 고등학생인 아들의 등교도 시켜 줘야 했다. 두 아들은 아무렇지 않은 척하며 엄마를 배려하느라 일찌감치 철이 들었겠구나! 아이들이 있어 버티고 있었지만, 소중한 아이들의 마음은 헤아릴 여유가 없었다. 아무도 없는 집의 커튼을 모두 내려 빛을 차단했고, 다시 누워 온종일 꼼짝도 하지 않았었다. 날이 저문 후에야 다시 움직이곤 했다. 세상과 동떨어져 컴컴한 침대에 홀로 웅크리고 지내던 모습이 스쳐 지나갔다. 볼펜을 잡은 손이 떨렸다. 엇나가지 않고 잘 자라 준 두 아들. 도서관 한쪽 구석에서 고개를 떨군 채 조용히 눈물만 훔쳤다. 일기장에 엄마에게 편지를 쓰기도 했고, 또 어떤 날에는 누구에게도 터놓기 힘들었던 마음을 몇 장이나 쏟아 냈다. 원망도 하고 신세 한탄도 썼다. 차츰 속이 후련해지고 차분해졌다. 매일 일기 쓰는 시간은 내 마음에 귀 기울이고, 나를 위로하고 치유하는 시간, 긍정으로 채워 가는 시간이었다.

어릴 때부터 책 읽기를 좋아했지만, 기록하는 건 전혀 다른 문제였다. 30대 독서 모임에도 참여했었는데, 사느라 바빠 책을 읽지 못한 지 오래되었다. 책을 읽고 메시지를 뽑고 기록해야 하는 일은 어려웠다. 노트북을 열어 다른 사람들의 기록을 보니 감탄스럽고 부러웠다. 어릴 때 독후감이란 것을 써 봤지만, 글을 쓰는 차원이 달랐다. 비교하지 말자며 노트북을 닫았다. 이제 시작했으니 익숙해지려면 시간이 더 걸리는 것뿐이다. 그날의 분량을 읽으며 고른 문장을 꾹꾹 눌러썼다. 책에서 주는 메시지를 찾아 작은 것이라도 적용할 것을 생각해 내는 데는 생각보다 오랜 시간이 걸렸다.

코칭 받기 시작한 지 두 달이 넘었는데도 또다시 부정적인 말,

못 하겠다는 말이 튀어나왔다. 코치는 부정적인 말을 계속하면 코칭을 지속하기 힘들다고 했다. 아직 감정에 휘둘리는 상태에서 벗어나지 못하고 있었다. 부정적인 것을 제거하지 않으면 새로운 것을 채울 수 없다. 나 자신이 부끄러웠다. 더 이상 코치와 나의 시간을 허비하지 않기로 마음먹었다. 이때부터 제대로 변화해 보기로 마음먹고 태도를 달리했던 것 같다. 부정적인 말, 부정적인 영향을 주는 인간관계를 정리하고, 감사일기도 쓰기 시작했다. 감사할 것 하나 없던 일상이 감사할 일이 보이기 시작했다. 별일 아닌 일에도 감사할 것을 찾았다. 일상은 달라진 것 없지만 마음 하나 바꿔 먹으니, 새롭게 보였다.

카카오톡의 프로필 사진을 바꿨다. 긍정을 채울 물컵 이미지, 내면의 중요성을 알려 주는 뿌리 깊은 나무 이미지, 실체가 없는 두려움의 용 이미지 등. 책을 통해 아웃풋 한 이미지들을 벽에 붙여 놓고 매일 마음을 컨트롤하려고 애썼다.

또 한 번은 친구들과 가평으로 1박 2일 놀러 간 적이 있는데, 영상 미션이 도착했다. 여행을 와 있어서 다음에 하겠다고 하니 코치는 '오늘의 미션 꼭 하세요' 딱 한마디 남겼다. 그냥 넘어가려니 마음이 불편했다. 친구들과 한잔하며 이야기하다가 벌떡 일어났다. 친구들의 깔깔대는 웃음을 뒤로 한 채 과제를 시작했다. 좁은 테이블에서 한참 만에 미션 클리어! 언제나 강조했던 '어떠한 상황 속에서도 해내는 것'을 실천한, 소소하지만 뜻깊은 일이었다. 이전에는 스스로 한계를 정하고 할 수 없는 이유를 찾았었다. 미루거나 하기 싫은 부정적인 마음 대신, 긍정적으로 실천하니 성취감마저 들었다. 이후 순간적인 감정을 통제하고 좋은 선택을 해 가며 작은 성취를 쌓아 가고 있다.

　오지랖이 넓어 다른 사람을 일일이 신경 쓰며 살았고, 중요한 일은 가까운 지인과 상의했지만, 나 자신에게는 물어본 적이 없었다. 고민거리가 많고 실패로 위축되어 나 자신에게 확신도 없었다. 하지만 이제는 나에게 묻는다. 다른 사람의 기준이 아닌, 나의 진짜 속마음을 물어보는 것이다. 혼자 있는 시간이 좋아졌다. 혼자 묻고 답을 찾아가는 과정은 나만의 삶의 기준을 세우게 하였고, 삶의 방향을 고민하게 했다.

　내가 진정 원하는 것이 무엇이지?

　나는 어떤 사람이 되고 싶지?

　내가 언제 행복하지?

　행복하기 위해서 어떻게 해야 하지?

　내 인생의 중요한 가치는 뭐야?

　매일 노트에 기록하는 습관은 관점을 바꾸고 행복과 삶의 가치를 고민하게 했다. 내가 행복해야 주변을 환하게 할 수 있다. 세상의 기준이 아닌 내 안에서부터 흘러넘치는 행복, 그것이 중요하다. 머리숱이 적어지고 하얘진 남편과 어느새 다 자라 늠름한 청년이 된 두 아들이 곁에 있었다. 어려운 시절을 함께 겪고 버텼을 나의 사랑하는 가족은 언제나 그 자리에서 나를 지탱해 오고 있었다는 것을 깨달았다.

　삶을 변화시키고 싶다면 부정적인 경험에 휘둘려 미루고 고민하는 대신, 작은 행동이라도 시작해야 한다. 긍정의 마음을 갖겠다고 마음먹는 것으로는 충분하지 않았다. 두렵고 불안한 마음을 떨치고 자신과 마주하는 데서 변화는 시작된다. 내 안에서 우러나오는 생각들을 꺼내 놓다 보니 나를 더 소중하게 대하고 싶어졌다. 책에서 읽은 문장을 내 삶으로 데려와 깊이 생각하고 성찰하는 시간을 가지려고 노력했다. 건강을 위해서 매일 꾸준히 운동하듯이, 긍정적인 변화를 원한다면 자신과의 시간을 차곡차곡 쌓아 가는 꾸준함이 필요하다.

핵심은 긍정적인 마인드와 태도다. 타인의 기준에서 벗어나 나만의 기준을 세우면 삶의 방향이 더 명확해진다. 변화는 기다린다고 찾아오지 않는다. 새로운 마음가짐으로 나만의 이야기를 써 내려가는 과정, 즉 아웃풋의 과정이 변화의 시작이다. 행동하는 순간, 원하는 삶이 펼쳐지기 시작할 것이다.

## 2-4.
# 내 삶의 방향을 바꾼 선택의 순간들
다감

'오늘도 무탈하게 지내서 감사하다.'

이게 내 감사의 첫 시작이었다.

육아 모임을 통해서 가장 크게 달라진 점은 아주 사소한 부분에도 소중함을 알게 되었다는 것이다. 일상을 하나씩 뜯어 보니 힘든 순간들은 모조리 내가 감사해야 하는 순간들이었다.

내 삶에 고마움을 느끼는 것은 의례적인 것으로 생각했다.

'내 삶에 만족하는 게 당연한데 뭘 더 어떻게 하라는 거지. 난 이미 아주 행복하다고 생각하고 있어.' 하면서 그 의미를 가볍게 생각했다. 어쩌다 펼쳐 본 책에서도, 스치듯 들었던 강의에서도 모두 감사하는 마음을 습관으로 들이라고 하는데, 나는 지금의 내 하루를 살아 내기도 벅차다고 관심을 두지 않았다. 감사의 중요성을 머리로는 이해했지만, 마음으로 와닿지 않았다.

지난해, 아버지의 심장 수술이 있었다. 여러 차례 스텐트 시술을 받았지만, 상태가 악화하여 결국 개흉수술을 해야 했다. 수술 날

짜가 잡혔지만, 병원 총파업으로 수술이 기약 없이 미뤄져 갔다. 한시가 급한데 언제가 될지 모르는 수술 일자를 기다리는 고통은 겪어 보지 않으면 이해할 수 없을 것이다. 힘든 수술 끝에 중환자실에 계신 아버지를 마주한 순간, 나는 진심으로 안도했고 고마움을 느꼈다. 수술을 할 수 있는 상황이 된 것, 수술을 받을 수 있을 만큼 몸이 버텨 준 것에도 감사했다. 당연하다고 생각했는데 가족모두가 큰 병 없이 건강한 것은 결코 당연한 것이 아니었다.

삶이 퍽퍽하고 힘들 때는 긍정적인 시선으로 바라보려는 여유조차 갖기 어렵다. 진실로 고마워하기가 쉽지 않다는 것을 안다. 하지만 감사의 마음은 '동전의 양면' 같다. 같은 상황이라도 다른 시각으로 보면 다른 의미를 찾을 수 있다. 동전의 한쪽 면만 볼 수도 있고, 반대쪽 면도 볼 수 있는 것은 결국 나의 선택에 달려 있다.

대학생 시절, 누구보다 바쁜 하루를 살았다. 새벽부터 수영을 다니고, 학과 수업을 듣고, 아르바이트와 봉사활동까지 소화하며 하루를 꽉 채워 보냈다. 그런 내가 결혼 후 집에서 아이에게 온전히 집중하다 보니, 몸과 마음에서 발산되지 못한 에너지가 쌓이는 듯했다. 육아의 무게는 예상보다 무거웠다. 결국 내가 살기 위해 아이를 데리고 주말마다 밖으로 나갔고, 더 멀리 떠나기도 했다. 벌써 6년째 가고 있는 제주 장기 여행은 우리 가족의 전통이 되었다. 엘리베이터를 타고 내려가야만 땅을 밟을 수 있는 아파트와 달리, 제주에서는 문만 열면 잔디밭이 펼쳐졌다. 도심에서는 쉽사리 할 수 없는 일들을 일상으로 보내며 돈으로는 살 수 없는 우리 가족의 추억을 쌓았다.

여행지가 아닌 나의 일상에서도 매일 여행하는 기분을 가지고자 생각의 스위치를 전환했다. 집 앞 편의점을 갈 때나 익숙한 지하철을 탈 때, 주말마다 가는 도서관 길에서도 마음을 바꾸었다. 오늘을 내가 몇 년 동안 손꼽아 기다린 순간이라고 다시 쓰자, 모든 것이 달리 보였다. 어느 곳, 어느 순간에도 설레는 여행자의 기분을 가질 수 있었다.

친구들과 함께 갔던 래프팅 여행에서, 배가 급류에 휘말려 뒤집힌 적이 있다. 래프팅 배에 탑승한 지 10분도 채 되지 않아 구급차를 타야 했다. 그렇게 많은 타박상을 입은 날은 처음이었다. 물이 무섭다는 것도 그날 알게 됐다.

'수영도 못하는데 이렇게 죽는구나!' 물에 떠내려가는 그 짧은 시간 동안 인생이 하나의 필름처럼 머릿속을 스쳐 지나갔다. 몸을 추스르고 건강이 회복될 무렵 수영학원에 등록했다. 물에 빠져서는 죽고 싶지 않다는 생각이었다. 다시는 물 근처에도 가지 않겠다는 선택을 했을 수도 있지만, 나는 다른 선택을 했다. 살아 있기에 새롭게 배움을 시작할 수 있었고, 건강을 지키기 위한 선택을 할 수 있었다. 위험한 순간을 겪었기에 평범한 일상이 얼마나 소중한지 알게 되었다.

남편의 직업은 정년이 보장되지 않았다. 언제 거리로 나앉을지 모른다는 두려움과 불안감이 마음속 밑바닥에 깔려 있었다. 재정적 불안을 극복하기 위해 나는 가계부를 썼다. 한정된 돈을 똑 부러지게 쓰고 싶은 마음에서였다. 처음엔 가계부를 쓰는 것이 익숙하지 않아서 매번 빠뜨리기 일쑤였다. 하루를 마감하면서 가계부를 쓰는 것이 일상이 되고, 그렇게 목돈이 모이게 되니 자연스럽게 투자에도 눈이 갔다.

주식의 '주' 자도 모르는 그저 그런 보통의 동네 아줌마가 방구석에서 투자 공부를 시작하게 된 것이다. 미국 주식을 한국에서도 살 수 있다는데, 어떻게 하면 살 수 있을까? 이 궁금증이 발단이었다. 워런 버핏이 그렇게 좋아하는 코카콜라를 나도 살 수 있다는 사실에 쾌재를 부르며 증권사 앱에도 가입했다. 매일 뉴스를 보고 신문도 읽고 세계가 돌아가는 경제 동향을 주시했다. 증권사에서 발간하는 모르는 글자만 가득한 리포트들도 읽어 나갔다. 한 단계를 넘었다고 생각하면 또 다른 한 단계들이 계속해서 대기하고 있었다. 처음에는 관심이 가는 주식을 한 주씩 사 보는 것으로 시작했다. 적은 돈이지만 내 돈이 들어가니 확실히 종목을 바라보는 눈이 달라졌다. 조금씩 수익도 나기 시작했다. 그때 시작했던 공부는 지금도 여전히 진행 중이다. 부동산, 주식, 비트코인 등 여러 가지 재테크 공부를 시작으로 나의 투자 성향을 알게 되었다. 도전하지 않았으면 몰랐을 일이다.

이 모든 경험들이 나를 변화시켰고, 매일 새롭게 주어지는 24시간을 당연하지 않게 여기며 살아가게 되었다. 내가 내뱉는 단어들이 내 삶을 그대로 직면하게 해 준다고 생각했기에 나의 상황이 불만스럽고 불평스러워도 부정적인 말을 하지 않으려고 했다. 일상이 지치고 힘들어도 내가 할 수 있는 최선의 선택을 하는 것. 내가 가진 아주 사소한 부분에도 소중함을 느끼는 것. 그렇게 하루를 되돌아보면 내가 얼마나 많은 것을 누리고 사는지 알게 된다. 하루 한 줄이라도 괜찮다. 그 어떤 것도 상관없다. 하다못해 '오늘 아침 엘리베이터가 일찍 도착해서 감사하다'는 글도 괜찮다는 말이다.

나는 어떤 선택이 내 삶을 긍정적인 방향으로 이끌어 갈지 생각했다. 두려움을 마주하며 수영을 배우고, 숨 막히는 육아를 벗어나 나는 나만의 방법을 탐색했다. 가계경제의 책임감을 함께 지고 싶은 마음을 공부로 이어 갔다.

삶은 우리가 내리는 선택의 연속이고, 다행스럽게도 그 선택의 방향은 자신이 정할 수 있다. 때로는 그 선택이 무겁고 두려워 보이더라도 긍정적인 마음을 장착하고 한 걸음씩 내딛다 보면 우리는 생각지도 못한 길 위에서 새로운 나를 만나게 될 것이다. 한 줄의 시작이 쌓여 당신의 삶을 조금 더 견고하고 빛나게 만들어 줄 거라 믿는다. 내일은 당신의 선택으로 맞이하는 새로운 하루라는 사실을 잊지 않았으면 좋겠다.

## 2-5.
# 나를 믿는 순간 변화는 시작된다

박혜연

이곳은 단순한 독서 모임이 아니다. 책을 읽고 넘어가는 것이 아니라 작가의 메시지를 파악하고, 내 생각을 끄집어내 실행하는 환경이다. 미션은 쉽지 않다. 책을 정독하고 적용할 부분을 찾아내며 코넬 노트에 기록하다 보면 사고의 깊이가 달라진다. 아웃풋 질문에 나만의 언어로 답을 남기고, 멤버들과 토론하며 시각의 차이를 경험한다. 이 과정은 떨어져 있던 자존감과 자신감을 끌어올리는 힘이 되었다. 보이지 않는 내면까지 성장하며 더 이상 누구와도 나를 비교하지 않는다. 불안함에 흔들리지 않는다. 나는 무엇이든 해낼 수 있다는 자신감과 신뢰로 단단히 뿌리내리고 있다. 과거의 나는 우물 안에 웅크리고 있었다. 이제는 그곳을 벗어나 세상 밖으로 나와 새로운 도전을 시작한다. 아웃풋은 거창한 것이 아니다. 나의 가치를 찾고 정체성을 확립하는 과정이다. 그리고 그 과정에서 나를 믿는 신뢰가 끝까지 나를 지켜 줄 것이다.

'아웃풋 독서와 친해지기(아친독)' 4기로 시작했다. 책을 읽고 코넬 노트에 문장을 기록하며, 생각을 정리하고 키워드를 적었다. 이전까지 나의 독서는 소설 위주였고, 눈으로만 읽는 습관이 자리 잡고 있었다. 자기 계발서를 정독하고, 떠오르는 생각을 즉시 기록하는 과정은 낯설고 어려웠다. 적응이 쉽지 않아 포기를 고민하기도 했다. 그때마다 리더는 흔들리는 내 눈빛을 읽고, 처음부터 쉬운 것은 없다고 말했다. 습관이 되면 자연스럽게 익숙해지고, 내면이 단단해지며 성장할 것이라며 다독여주었다. 어렵다고 느껴졌지만 끝까지 포기하지 않고 아친독 8기 과정을 마칠 수 있었다. 독서와 기록하는 법을 익혔고, 책을 읽을 땐 노란색 색연필과 볼펜을 챙기는 것이 습관이 되었다. 이제 나에게 독서는 단순한 행위가 아니다. 책의 내용을 깊이 파악하고, 내 삶에 어떻게 적용할지를 자연스럽게 고민한다. 그리고 글쓰기는 꾸준한 독서와 기록에서 시작된다는 것을 깨달았다.

익숙한 것들에 계속 머물러 있으면 성장할 수 있는 시간이 늦어진다. 다음 단계는 '아웃풋 독서와 마인드맵(아마독)' 프로그램이다. 항상 같은 자리에 머무르지 않고 새로운 도전을 통해 변화를 이끌어 내도록 만들어진 과정이다. 아마독 미션은 아친독 미션보다 두 배의 어려움이 있다. 그중 하나가 블로그 기록이다. 책을 읽은 후 독서 카드 만들고, 섬네일을 제작해 책의 내용과 내 생각을 정리해야 한다. 독서 카드를 만들려면 책을 대충 읽어서는 안 된다. 마치 '책을 씹어 먹는다'는 표현이 떠오를 정도로 읽어야 한다. 독서 카드를 만드는 것은 또 한 번의 난관이 있다. 한 번도 사용해 보지 않았던 마인드맵과 미리캔버스 사용법을 익혀야 했다. 그렇게 또 하나의 삶에 적용할 수 있는 도구를 알아 갔다. 마인드맵 정리는 나에게 또 다른 습관을 만들어 주었고, 많은 도움을 받게 되었다. 이사를 준비할 때 먼저 실행할 일과 물건 배치를 마인드맵으로 정리했다. 덕분에 시간을 낭비하지 않고 효율적으로 진행할 수 있었다. 아마독 미션 중 17기에서 '나를 찾는 여행 Me 노트'를 작성하는 게 있었다. 과거의 삶을 돌아보고 그때의 내가 행복했는지를 되새겼다. 또한, 현재의 삶에 만족하고 있는지까지 구체적으로 기록하며 나 자신을 깊이 들여다보았다. 이 미션을 통해 내가 원하는 미래의 삶을 이루기 위해 현재 어떤 계획을 세우고 있는지를 다시 돌아보게 되었다. '나를 찾는 여행 Me 노트'에서 임계점에 도전하고 싶은 것이 있는지 묻는 말이 있었다. 나에게 임계점은 책을 완독하는 것과 효과적인 기록 방법을 찾는 것이었다. 〈빛소영 아웃풋 스쿨〉에 들어오기 전에는 책을 선택해도 읽는 기간이 한없이 길어졌고, 결국 완독하지 못하는 경우가 많았다. 책을 다 읽더라도 핵심 내용을 기억해 내기가 어려웠고, 읽은 만큼 제대로 내 것이 되지 않는 느낌이었다. 하지만 독서법과 기록법을 배우면서 책을 읽는 방식이 달라졌고, 이제는 일주일에 한 권씩 완독할 수 있는 집중력과 습관이 자리 잡았다. 단순히 읽는 것을 넘어 내용을 효과적으로 정리하고 기록하는 법을 익히면서 책에서 얻은 지식을 더욱 깊이 내 것으로 만들 수 있게 되었다. '나를 찾는 여행 Me 노트'는 이런 변화를 가능하게 해 준 마법 같은 도구였고, 나를 발견하고 성장할 수 있도록 도와주는 소중한 기록이 되었다.

아마독에서 한 달에 한 번 하던 스피치를 매주 하는 프로젝트를 만든다고 한다. 하지만 이 프로그램은 모든 멤버가 참여할 수 있는 것이 아니라 눈에 띄게 변화하고 성장한 멤버 중 단 네 명만을 선정한다고 했다. 예상했던 멤버들과 함께 나도 그 안에 포함되었다. '아빠독(빡세게 하는 아웃풋 독서)'에서 진행하는 스피치는 준비 과정부터 쉽지 않다는 걸 이미 알고 있다. 책을 단순히 읽는 것이 아니라 두 배로 깊이 파고들어야 하고, 그 내용을 내 것으로 소화해야만 제대로 된 발표를 할 수 있기 때문이다. 하지만 이왕 뽑힌 이상 주어진 기회를 최선을 다해 활용하기로 마음먹었다. 우리 멤버들은 다시 한번 빡센 아웃풋 모드에 돌입했다. 매주 책 내용에서 무엇을 할 것인지 적용해서 PPT를 만들고, 스피치를 진행해야 했다. 단순히 발표만 하는 게 아니라 발음, 호흡, 발성 연습도 해야 했다. 출퇴근하는 차 안에서 '가, 갸, 거, 겨' 등을 반복하여 발성 연습을 했다. 전철을 타러 가면서도 핸드폰에 녹음하며 큰 소리로 연습했다. 사람이 지나가면 멈추고, 다시 반복하며 연습하기도 했다. 지금 생각하면 어디서 그런 용기가 나왔는지 웃음이 난다. 모임이 있는 날, 우리는 준비한 스피치를 했고, 동기들의 피드백을 받으며 나의 부족한 점을 하나씩 찾아갔다. 처음에는 '스피치 너무 잘한다, PPT 잘 만들었다'며 듣기 좋은 칭찬만 해 주었다. 하지만 리더는 그런 피드백은 발전하는 데 아무런 도움이 되지 않는다고 우리에게 일침을 났다. 그 이후로 우리들의 피드백은 아주 날카롭게 변했다. 작은 실수도 예리하게 지적했고, 서로의 발표에서 보완할 점을 냉정하게 짚어 주었다. 그렇게 날카로운 피드백을 주고받으며 우리의 스피치 실력도 점점 발전했다. '아빠독'에서 연습된 스피치는 직장에서 연수할 때 많은 영향을 주었다. 마이크를 잡은 손의 떨림도 없어지고, 연수 내용과 목소리도 자연스러워졌다. 스피치에 대한 두려움이 사라지고 자신감이 생겼다. '아빠독' 미션은 나의 일상에서도 변화하고 성장하는 모습을 만들어 주었다.

괴테는 "자신을 믿는 순간 어떻게 살아갈지 알게 된다"고 말했다. 새로운 도전을 할 때 내가 이것을 해낼 수 있을까? 중간에 포기하지 않을 수 있을까? 다른 사람들이 나를 어떻게 생각할까? 수도 없이 고민되고 망설여지는 것도 어쩌면 자신을 신뢰하지 못해서 드는 생각들일 수 있다. 나 또한 새로운 것에 도전할 때 많은 고민과 두려움으로 결정하는 데 시간이 오래 걸리기도 했었다. 자신을 믿지 못하고 다른 사람들의 생각과 주변에서 하는 말들에 흔들렸기 때문이다. 확고한 신념으로 나만의 길을 찾아야 한다. 나를 찾아가는 과정에서도 자신을 믿는 마음은 아주 중요한 요소다. 내면이 단단해지고 자존감이 높아져 가는 것은 무엇이든 해낼 수 있을 것이라는 확신에서 나온다. 우리가 잊지 말아야 할 것은 반드시 자기 자신을 신뢰하고 아껴 줘야 한다는 점이다. 도전하는 것에 대한 두려움을 없애는 것도 자신을 믿는 태도에서 나온다. 그것이 나를 세상 밖의 환경을 알아 가게 하는 밑거름이 되었다.

# 2-6.

# 삶의 선율, 뿌리부터 다시 쓰다

빛소영

세상이 잠든 새벽, 고요 속에 나만의 시간이 흐른다. 누구의 방해도 받지 않는 이 시간, 조용히 하루를 그려본다. 데일리 플래너를 펼쳐 오늘을 어떻게 채워 갈지 구상한다. 어떤 마음으로 하루를 시작할지, 어떤 선택들이 더 나은 방향으로 이끌지 생각해 본다. 어느새 이 고요한 순간들이 잃어버렸던 삶의 균형을 되찾는 소중한 의식이 되었다.

"나는 지금 어떻게 살고 있는가?"

그 질문에 멈춰 있던 마음이 조금씩 움직였다. 더는 주어진 대로 살지 않기로 마음먹었다. 거창하지 않아도 괜찮았다. 하루를 조금 더 의미 있게 보내기 위해 작은 목표를 세우고, 그 목표를 이루기 위해 한 걸음씩 나아갔다. 일상의 작은 실천들이 점차 삶에 스며들었다. 하루하루 살아가는 방식이 바뀌면서, 과거를 감싸던 흐릿한 그림자들은 서서히 사라졌다. 스무 살부터 책을 좋아했다. 책장을 넘길 때마다 새로운 세계가 펼쳐졌고, 가슴을 울리는 문장들이 마음을 두드렸다. 하지만 그 감동은 오래가지 않았다. 책을 덮으면 깨달음도 서서히 희미해졌고, 삶은 여전히 바빴으며 같은 자리에 머물러 있었다.

그러던 어느 날, 문득 떠오른 질문 하나.

'이 깨달음을 어떻게 삶에 녹여 낼까?'

순간, 흐릿했던 생각이 선명해지고 모든 것이 새롭게 보이기 시작했다. 이제는 읽고 감동하는 데서 멈추지 않았다. 마음에 남은 메시지들을 삶에 녹여 내려 애썼고, 글에서 얻은 지혜를 내 것으로 만들기 위해 작은 실천을 시작했다. 물론 쉽지 않았다. 어떤 날은 피곤에 지쳐 그냥 포기하고 싶을 때도 있었다. 하지만 그럴 때마다 예전과는 다른 무언가가 내 마음을 일으켰다. 한때는 아무리 바쁘게 살아도 마음 한편이 텅 빈 것 같았지만, 이제는 달랐다. 매일 쌓아 가는 작은 실천들이 마치 오랫동안 찾아 헤매던 퍼즐의 마지막 조각처럼 내 삶에 제자리를 찾아갔다. 더 이상 책 속의 깨달음을 그저 문장으로만 남기지 않았다. 문장을 행동으로 옮기며 삶에 스며들게 했다. 작은 변화들이 쌓이자, 어제와는 다른 오늘이 보이기 시작했다. 삶은 하루아침에 바뀌지 않지만, 꾸준한 실천이 어느새 나를 더 나은 방향으로 이끌고 있었다.

삶의 진정한 성장을 위해서는 일시적인 영감보다 체계적인 시스템이 필요했다. 순간의 동기 부여는 오래가지 못했고, 여러 강의와 스터디 모임도 잠깐의 자극으로 그쳤다. 나는 진짜 변화를 원했다. 그때 문득 피아노 앞에 앉았던 순간이 떠올랐다. 완벽한 연주는 단 한 번의 연습으로 이루어지지 않았다. 틀리면 다시 도전하고, 같은 부분을 반복하며 손끝에 익숙해질 때까지 계속했다.

한 음, 한 마디가 모여 음악이 완성되듯, 내면의 힘도 꾸준한 시간과 노력을 통해 단단해진다.

삶도 다르지 않았다. 한 번의 선택으로 인생이 바뀌지 않듯, 내면의 힘도 꾸준한 시간과 노력을 통해 쌓여 간다. 실패는 과정의 일부였고, 멈춰 서는 순간조차 배움이었다. 중요한 건 실수에 주저앉지 않고 다시 일어서는 용기였다. 삶의 작은 실천들이 더 나은 나를 만들어 가고 있었다. 그제야 알았다. 더 많은 정보나 일시적인 자극이 필요한 게 아니었다. 진정한 변화는 바로 지금 이 자리에서 끝까지 이어 가는 나만의 연습 속에 있었다. 연습이 쌓여 갈 때, 삶은 마침내 나만의 음악으로 완성되리라는 믿음이 생겼다.

나처럼 벼랑 끝에서 길을 잃고 주저앉은 이들에게 손을 내밀고 싶었다. 포기하고 싶을 만큼 지치고, 아무리 노력해도 앞으로 나아가지 못한다고 느낄 때조차 작은 한 걸음이 삶을 다시 흐르게 한다. 그 단순하지만 강력한 진리를 전하고 싶었다. 그렇게 탄생한 곳이 바로 〈빛소영 아웃풋 스쿨〉이다.

우리는 종종 더 좋은 환경이나 새로운 기회를 찾아 헤맨다. 하지만 내면의 힘이 부족하면 아무리 좋은 기회가 와도 붙잡지 못한다. 삶은 마치 나무와 같다. 뿌리가 얕은 나무는 겉보기에 크고 아름답게 자랐어도, 약한 바람에도 쉽게 쓰러진다. 깊고 단단한 뿌리를 가진 나무는 거센 폭풍우 속에서도 꿋꿋이 버틴다. 가지가 부러질지언정 본질은 흔들리지 않는다. 진정한 변화는 보이지 않는 곳에서 시작된다. 남들 눈에 띄지 않는 자리에서 쌓아온 작은 노력과 꾸준한 실천이 삶의 흐름을 바꾼다.

많은 사람들은 눈에 보이는 성과에 마음을 빼앗긴다. 높은 연봉, 화려한 경력, 남들이 부러워할 만한 타이틀. 이런 것들이 성공이라 믿으며 더 빠르게, 더 높이 올라가야 한다고 스스로를 재촉한다. 하지만 진정한 변화는 밖이 아니라 보이지 않는 곳, 마음 깊은 곳에서부터 시작된다. 우리는 너무 오랫동안 세상이 정해 준 정답을 쫓아왔다. 좋은 성적을 받아야 하고, 좋은 직장에 가야 하고, 남들보다 앞서야 한다는 기준 속에서 정작 '나는 누구인가?'라는 물음은 뒷전이 되었다. 정해진 길을 따라가다 보면 문득 발걸음을 멈추게 되는 순간이 온다. '이 길이 정말 내가 원하던 삶일까?', '지금 이 순간, 나는 행복한가?' 그 질문들은 가볍지 않다. 하지만 그 물음에 답을 찾을 때, 비로소 삶은 진짜 자신만의 모습으로 빛나기 시작한다.

아웃풋 스쿨은 바로 그 답을 찾아가는 과정이다. 매주 던져지는 아웃풋 코칭 질문들은 단순히 생각만 묻는 것이 아니다. 질문 하나하나가 자신을 더 깊이 들여다보게 하고, 잊고 살았던 꿈과 진짜 원하는 삶을 떠올리게 한다. 하지만 질문만으로는 삶이 바뀌지 않는다. 깨달음이 행동으로 이어질 때, 그때 비로소 변화는 시작된다. 악기를 배울 때 이론만으로는 소리를 낼 수 없듯이, 삶의 변화도 실천을 통해 이루어진다.

시간이 흐르면서 다른 사람의 기준이 아닌, 자신만의 가치와 방향을 찾아가게 된다. 남의 시선에 흔들리지 않고 원하는 삶을 향해 나아간다. 이 과정에서 한 가지 변하지 않는 진리를 깨닫게 된다. 내면의 단단함이야말로 지속 가능한 성장의 바탕이라는 것을. 그리고 그 단단한 내면은 끊임없는 질문과 실천을 통해서만 만들어질 수 있다는 것을.

한때 깊은 절망 속에서 길을 잃었다. 아무리 노력해도 앞이 보이지 않았고, 모든 것이 무의미하게 느껴졌다. 하지만 가장 어두운 순간에도 꺼지지 않은 작은 불씨가 있었다. 그것은 바로 내 안에 있었다.

피아노 앞에 앉아 건반에 손을 올렸다. 떨리는 손끝으로 한 음, 한 음을 눌렀다. 처음에는 어색하고 불완전했지만, 반복할수록 소리가 달라졌다. 실수하면 멈췄다가 다시 시작하며, 어제보다 나아지는 순간들을 발견했다. 화려한 연주 실력보다 더 중요한 것은 바로 내면의 힘이었다. 남들이 보지 않는 자리에서의 꾸준함, 넘어졌을 때 다시 일어서는 용기, 그리고 멈추지 않겠다는 다짐. 그것이 결국 모든 것을 바꾸었다. 삶도 마찬가지였다. 진정한 변화는 외적인 성공이 아니라, 보이지 않는 곳에서 시작된다는 것. 그 힘은 언젠가 삶을 지탱하는 가장 단단한 뿌리가 된다.

우리의 내면은 세상에 단 하나뿐인 보석이다. 때로는 삶의 무게에 눌려 그 빛이 흐려질 때도 있다. 하지만 먼지에 가려졌을 뿐, 그 안에는 여전히 놀라운 빛이 깃들어 있다. 그 빛이 깨어나는 순간, 삶은 완전히 달라진다. 깊은 뿌리를 가진 나무가 폭풍 속에서도 굳건히 버티듯, 내면이 단단할수록 어떤 시련도 견뎌 낼 수 있다. 잠시 멈춰 세상의 시선과 소음을 내려놓고, 오랫동안 외면해 온 자신의 진짜 목소리에 귀 기울여 보자.

"나는 누구이며, 무엇을 진정으로 원하는가?"

이 질문에 답을 찾는 순간, 삶은 더 이상 남의 길이 아닌 나만의 길이 된다. 지금, 바로 오늘. 자신을 위해 작은 한 걸음을 내디뎌 보자. 아주 사소한 변화라도 괜찮다. 책을 한 페이지 읽거나, 생각을 글로 적거나, 스스로에게 "괜찮아. 넌 할 수 있어."라고 말해 보자. 작은 한 걸음이 어디로 이끌지 지금은 알 수 없지만, 한 가지는 분명하다. 그 용기 있는 첫걸음이 당신을 더 단단하고 빛나는 존재로 만들어 줄 것이라는 사실. 기억하자. 당신 안에는 이미 무한한 가능성이 있다. 그 가능성을 믿어라. 이제 더 이상 기다리지 말자. 지금부터, 당신 안에 잠들어 있던 빛을 깨우자.

## 2-7.
# 변화는 작은 실천에서 비롯된다
### 샤인영

나는 취업, 진학, 돈 벌기를 아웃풋이라 여겼다. 타인에게 자랑할 수 있고, 스스로 성취감을 느낄 수 있는 것들이다. 그러나 〈빛소영 아웃풋 스쿨〉을 시작하며 이 개념이 바뀌었다.

2023년 11월, 처음으로 아웃풋 스쿨에 참가했다. 지정 도서는 『트렌드 코리아 2024』였다. 40년 동안 트렌드에 무심하게 살아왔는데, 이제 와서 공부해야 할까? 하지만 이미 참여하기로 한 이상, 끝까지 해 보기로 했다. 6일 차, 아웃풋 스쿨 리더는 '아웃풋 코칭 질문' 20여 개를 미션으로 내주었다. 처음 받아 보는 질문들에 머리가 하얘졌다. '여기가 학교도 아닌데, 왜 이렇게까지 해야 하지?' 도망가고 싶었다. 아프다는 핑계를 대고 며칠간 빠졌다. 리더는 포기하지 않았다. 몇 번이고 전화를 걸어 말했다.

"돈을 내셨잖아요. 변해야 합니다."

결국 다시 마음을 다잡고 참여했다.

그룹 줌 코칭에 참여하면서 그동안 가졌던 가치관이 흔들렸다.

대부분의 참여자는 직장인이었고, 퇴근 후 늦은 밤까지 배우며 성장하는 열정을 보였다. 그 모습이 신기하면서도, 나는 정체되어 있는 게 아닐까 걱정되었다. '직장에 들어가면 공부는 끝이라고 생각했는데, 왜 이들은 계속 배우려 할까?' 그때, 지정 도서에서 다룬 '스핀오프 프로젝트' 개념이 내 마음을 흔들었다. '그래! 나도 해 보자.' 나만의 성과를 만들겠다고 결심했다.

아웃풋 스쿨 참여 첫 달, 10년간 독박육아를 해 온 나는 이제 내 시간을 나를 위해 쓰겠다고 선언했다. 그러나 리더의 반응은 단호했다.

"빨리 가면 안 됩니다. 아이들을 놓고 가면 안 됩니다. 하기 싫은 일을 해야 변화할 수 있습니다."

그는 배운 것을 아이들에게 적용하라는 말도 잊지 않았다.

2023년 12월, 아웃풋 스쿨 송년회는 예상과는 전혀 달랐다. 내가 평소 생각하던 송년회는 먹고 마시며 즐기는 자리였다. 행사 전, 리더가 전화를 걸어 구글 타이머를 준비하라고 했다. '구글 타이머?' 의아했지만 가져갔다. 타이머를 설정한 채 강의를 듣고 조별 활동을 했다. 순간 헛웃음이 나왔다. '무슨 이런 송년회가 다 있지?' 처음엔 적응이 되지 않았지만, 집으로 돌아가는 길에 곰곰이 생각해 보았다. 내가 원하던 송년회와 아웃풋 스쿨 송년회를 비교해 보니 결론은 명확했다. 2024년에는 반드시 변하겠다고 결심했다.

아웃풋 스쿨에 대한 신뢰가 생긴 2024년 1월, 나는 세 개의 프로그램과 1:1 코칭을 시작했다. 닉네임도 '샤인마미'에서 '샤인영'으로 바꿨다. 'Shine+영은= 빛나는 영은.' 나답게 살고, 내 삶을 빛나게 만들겠다는 다짐이었다. 닉네임을 바꾼 그 순간부터, 나를 찾아가는 여행이 시작되었다.

2023년 12월, 아웃풋 스쿨 리더가 신문 구독을 권했다. '요즘 같은 시대에 군이 종이 신문을?' 핸드폰으로도 얼마든지 볼 수 있는데 쉽게 마음이 가지 않았다. 하지만 리더의 말을 믿어 보기로 했다. 2024년 1월, 신문 구독을 시작했다.

처음으로 ○○경제신문을 읽으며 세상을 더 깊이 이해하게 되었다. 특히 AI 관련 기사가 많았고, 점점 관심이 생겼다. 그러던 2월, 아이 유치원 원감 선생님의 권유로 ○○교육지원청 교육보고회에 참석했다. 질의응답 시간에 학교에서 AI 교육의 필요성을 제안했는데, 뜻밖의 기회를 얻게 되었다. 그 결과, 3월에는 ○○교육지원청 학부모 위원으로 위촉되었다. 신문 구독이 내게 새로운 길을 열어 줄 줄은 몰랐다. 신문을 읽으며 NIE 공부를 시작했다. 단지 아이들과 함께 신문을 읽고 싶었을 뿐이었다. 5월, 자격증 시험을 보고 수업 시연을 준비하며 PPT를 제작했다. 아웃풋 스쿨 리더에게 미리캔버스 사용법을 배우고, AI 도구를 활용해 그림을 만들었다. 결국 자격시험에 합격하며 NIE 논술학원 보조 강사로 일할 기회를 얻었다.

처음에는 '과연 내가 할 수 있을까?'라는 불안이 컸다. 신문을 읽고 정리하는 것과 남을 가르치는 것은 전혀 다른 영역이었다. 그러나 배움을 이어 가며 하나씩 익히고, 학생들과 소통하면서 점점 확신이 생겼다. 그리고 11월, 마침내 초등학교 1~2학년을 대상으로 NIE 강의를 시작하며 정식 강사가 되었다. 출산 전, 대학원에서 상담 심리를 전공하고 청소년 상담을 했지만, NIE 강사가 될 줄은 상상도 못 했다. '내가 NIE 강의까지 하다니.' 변화는 작은 한 걸음에서 시작되었다. 이 과정을 통해 분명히 깨달았다. 기회는 준비된 사람에게 온다는 것을.

아웃풋 스쿨에 참가하며 매달 2~3권의 책을 읽고 미션을 수행했다. 육아, 살림, 공부를 병행하며 시간을 아껴 써야 했다. 그래서 어디든 지정 도서를 가지고 다녔다. 장소에 상관없이 책을 읽고 미션을 수행했다. 아이들 학원을 기다리며, 지하철에서, 카페에서, 공원에서, 여행 가는 KTX 안에서, 여행지 수영장에서, 심지어 콘서트를 보러 가서도 책을 손에서 놓지 않았다. 정말 지독하게 읽었다. 자투리 시간까지 철저히 활용했다. 해야 할 일을 끝낸 후, 원하는 일을 할 때 느껴지는 뿌듯함은 이루 말할 수 없었다.

큰아들이 고열로 응급실에 간 날, 『멘탈의 연금술』을 읽으며 불안을 다스렸다. 과거의 나였다면 '왜 나만 이렇게 힘들까'라는 불만 속에 갇혀 있었을 것이다. 이번에는 달랐다. 책을 읽으며 마음을 다스리자, 기다리는 시간이 더 이상 고통스럽지 않았다. 그 순간, 나는 삶을 대하는 방식을 바꾸기로 했다.

오랫동안 잊고 있던 첼로를 다시 꺼내 들었다. 9살부터 15살까지 7년 동안 연주했지만, '성공하지 못하면 어쩌지?' 하는 두려움이 나를 짓눌렀다. 전공해야 한다는 부담감까지 더해져 결국 악기를 내려놓았다. 그 후로 오랫동안 첼로와 멀어졌다. 그러나 단단해진 내면이 28년 만에 다시 나를 첼로 앞에 서게 했다. 더 이상 완벽해야 한다는 강박에 스스로를 가두지 않았다. 그저 연주의 순간을 온전히 즐기기로 했다. 2024년 12월, 아웃풋 스쿨 송년회에서 마침내 무대에 섰다. 28년 만의 연주. 가슴이 벅차올랐다.

처음에는 취업, 진학, 돈을 버는 것이 아웃풋이라 생각했다. 이제는 아웃풋을 단순히 성취로만 보지 않는다. 아웃풋이란 이전과 다른 방식으로 살아가는 것이다. 스스로 성장하고, 사고의 틀을 넓히며, 새로운 기회를 만들어 가는 과정 자체가 아웃풋이다.

아웃풋 스쿨에서 만난 책과 사람들을 통해 깨달았다. 내가 변하지 않으면 어떤 상황도 바뀌지 않는다. 그때부터 책을 읽고, 삶에 적용하며 변화를 시도했다. 그러자 내 삶도 조금씩 달라지기 시작했다.

변화는 아주 작은 행동에서 시작됐다. 가방에 책을 넣고 다니며 어디서든 읽기, 신문을 통해 새로운 시각을 키우기, 배운 것을 하나씩 삶에 적용하기. 그렇게 작은 변화들이 쌓이면서 내면이 단단해졌다. 과거와 같은 상황에서도 내 반응은 달라졌다. 예전에는 불안과 불만으로 가득했던 아이와 함께한 응급실에서도, 이제는 책을 통해 마음을 다스릴 수 있었다.

진정한 변화는 먼 곳에 있지 않다. 매일의 작은 실천이 내면을 단단하게 만들었고, 결국 외적인 결과로 이어졌다. NIE 강사로서의 기회도 그런 작은 실천의 결과였다. 준비된 자에게 기회가 온다는 말이 틀리지 않았다. 만약 내가 준비되지 않았다면, 찾아온 기회조차 제대로 마주할 수 없었을 것이다.

빅터 프랭클은 말했다. "더 이상 상황을 바꿀 수 없을 때, 우리는 스스로를 변화시켜야 한다." 아웃풋 스쿨을 통해 깨달은 것은 눈에 보이는 결과가 아니라, 삶 속에서 실천하고 적용하는 과정 자체가 진정한 변화라는 점이었다. 책을 읽고 미션을 수행하는 작은 행동들이 쌓이면서, 나는 스스로를 믿고 미래로 나아갈 힘을 가지게 되었다.

아웃풋은 거창한 목표에서 시작되는 것이 아니다. 변화하려는 작은 결심에서 시작된다. 상황이 바뀌기를 기다리는 대신, 책을 읽고 그 내용을 삶에 적용하며 자신을 변화시킬 때 진정한 아웃풋이 나타난다. 책에서 읽은 한 문장을 실천하는 작은 행동들이 쌓이면, 결국 나만의 결과로 이어진다. 변화는 언제나 직접 실천할 때 시작된다. 그리고 변화가 쌓이면, 마침내 나만의 특별한 아웃풋을 만들어 낸다.

# 안 해 본 것 해 보기

송진호

〈빛소영 아웃풋 스쿨〉 초창기에는 빛소영 코치의 성격처럼 분위기가 꽤 빡셌다. 일주일에 한 권씩 책을 읽고, 이를 마인드맵으로 정리했다. 블로그에 서평을 쓰고, 카드뉴스로 제작해 인증하는 작업도 해야 했다.

초반에는 뒤처지지 않으려고 무리하게 따라가려고 했고, 그 탓에 기합이 잔뜩 들고 버거운 마음으로 참여했다. 처가를 방문했을 때도 인증을 위해 도서관에 들러 책을 읽고, 카드뉴스를 제작했다. 아들과 함께 뮤지컬 공연을 본 후, 집으로 돌아오는 버스 안에서는 스마트폰으로 블로그 글을 작성하기도 했다. 평소 귀찮아 일을 뒤로 미루던 내 성격으로는 상상도 할 수 없는 일이었다.

아웃풋을 하기 위해 가장 먼저 배운 것은 마인드맵 사용법이다. 그저 존재만 알고 있던 도구를 직접 활용하게 되었다. 사용하는 방법이 어려울 거라고 생각했는데, 막상 배워서 적용해 보니 과정이 너무나 간단했다. 역시 제대로 아는 사람에게 배우는 것이 가장 빠르고 쉬운 길이다. 내가 첫 번째로 작성한 마인드맵은 2021년 12월의 계획이다. 나의 건강과 가족을 위한 계획 그리고 내가 원하는 습관들을 기록했다. 한 달 동안 무엇에 집중해야 할지가 명확해졌다. 마인드맵은 계획을 체계적으로 기록할 수 있도록 도움을 주는 유용한 아웃풋 도구 중 하나다.

이곳은 매주 새로운 미션을 준다. 그중 블로그에 글쓰기가 가장 당황스러웠다. 블로그 계정은 네이버 메일을 만들 때 자동으로 생성된 상태였지만, 이제껏 글을 올린 적은 한 번도 없다. 어릴 때 책을 즐겨 읽었고, 중학교 때 글짓기로 도내에서 상을 받았던 적도 있다. 군 생활을 경찰서 상황실에서 한 탓에 서장님에게 보고하는 일일 업무보고서를 작성하기도 했다. 그 이후로는 글을 쓸 필요가 없었다. 직장 업무에도 한글과 엑셀 파일을 주로 사용하며 간단한 데이터 입력 정도만 해 왔다. 그런데 날마다 블로그에 글을 써야 한다니, 난감하고 막막했다. 글을 쓸 때마다 스트레스를 받았지만, 계속 쓰다 보니 조금씩 익숙해진다. 정성을 들여 완성된 블로그 글을 읽을 때면 뿌듯한 마음이 들기도 했다. 블로그 글쓰기는 마음속 생각을 정리하고 표현하는 데 큰 도움이 되는 아웃풋 방법이다. 그 외에도 나의 사명 선언문을 직접 만들어 녹음하거나, 운동 인증 영상을 인스타그램에 올리는 미션, 그림을 그리거나 악기를 배우는 과정 등도 있었다. 많은 아웃풋 방법 중 나를 가장 크게 변화시킨 것은 바로 스피치(speech)였다. '스피치라니….' 처음에는 어린 시절 보았던 웅변대회를 떠올리며, '내가 왜 이런 걸 해야 하지?'라는 반감이 들었다. 하지만 아웃풋의 최종 단계는 결국 사람들 앞에서 발표하는 것이다.

먼저 발표할 내용을 정리해 파워포인트(PPT)를 만든다. 이 PPT를 만드는 과정 자체가 하나의 아웃풋이 된다. 15분의 발표를 위해 한 달 전부터 준비하고, 실수하지 않기 위해 반복해서 연습한다. 그리고 마침내 사람들 앞에 서서 나의 결과물을 이야기한다. 조리 있고 차분하게, 때로는 재치 있게 자신의 생각을 전달하는 것. 이것이 바로 스피치다. 두렵지만, 최고의 결과를 만들어 내는 아웃풋. 나에게 그것이 스피치였다.

아웃풋의 이 모든 과정을 따라가다 보니 자연스럽게 내 기본기가 채워지게 된다.

매주 줌 모임 전날, 코칭을 위한 질문을 미리 준다. 이 질문들은 책을 여러 번 훑으며 생각을 정리해야만 답할 수 있는 깊이 있는 것들이었다. '그중 당신에게 제일 중요한 것은 무엇인가?'라는 질문에 나는 가장 당황했다. 어? … 아…!

당연히 알고 있다고 생각했던 삶의 중요한 가치들을 진지하게 고민해 본 적이 없었다. 깊이 생각해 본 적 없는 것을 글로 적고 말로 표현하려 하니 당황스러웠다. 이것은 그동안 잊고 지냈던, 내 삶에서 가장 본질적인 물음들이었다. 그동안 '남들 하는 만큼만 하면 되겠지'라는 생각으로 살아왔다. 이 질문은 내가 왜 사는지에 대한 답을 찾아가는 계기가 되었다. 나에게 묻고 답하는 과정에서 건강이 가장 중요하다는 것을 깨달았다. 건강을 잃으면 모든 것을 잃는다고 생각한다. 몸이 자유롭지 못하면 부자가 되어도 행복하지 않을 것이기 때문이다. 건강을 위해 아침 조깅을 하고, 저녁에는 PT를 받으며 운동을 지속했다. 미션 수행을 위해 책은 날마다 읽어야 했고, 그렇게 읽은 책들은 나를 조금씩 변화시켰다. 아웃풋을 통해 배운 것들은 내 신체적 건강뿐 아니라 정신적 건강에도 집중하게 했다. 그러던 중 가족을 바라보는 관점에 큰 변화를 일으키는 사건이 생긴다. 아들은 고등학교 2학년 때 코로나19에 걸렸고, 회복 후 몇 달 동안 원인 모를 가슴 통증으로 고생했다. 통증 때문에 수업을 빠지는 날도 많았다. 할 수 있는 모든 치료를 받았지만, 아이는 밤마다 통증에 시달려 잠을 이루지 못했다. 아들의 몸과 마음이 점점 쇠약해졌다. 그러던 중 심장내과에서 심장 박동에 이상이 있다는 진단을 받았다. 대학병원에서 정밀 검사를 받으라는 의뢰서를 받아 들고, 우리 가족은 걱정과 혼란에 빠졌다. 유난히 통증이 심하던 밤, 대학병원 심장내과 교수가 처방해 준 협심증약을 복용한 아들은 갑자기 호흡을 제대로 하지 못하고 실신 직전까지 갔다. 생전 처음으로 119에 직접 전화를 걸고, 구급차를 타고 병원 응급실로 갔다. 호흡이 돌아온 아들은 밤새워 힘든 검사를 마치고 큰일 없이 집으로 돌아올 수 있었다. 그때 나는 가족이 건강하게 곁에 있다는 것 자체가 얼마나 큰 행복인지 알게 되었다.

'자식은 부모에게 잠시 머물다 떠나는 귀한 손님'이라는 말이 있다. 나는 내 가족을 귀한 손님으로 여기기로 했다. 아내와 아들을 나의 소유물이 아닌 내가 받은 선물로 여기고, 손님처럼 대하니 더 큰 배려심이 생겼다. 코로나19로 인해 가족들이 힘든 시간을 겪었을 때, 평범한 일상의 감사함을 깨달았다. 아침마다 들려오는 아내의 음식 준비하는 소리, 식탁에서 대화하는 가족의 모습이 얼마나 소중한지를 알게 된 것이다. 이 세상 살아가다 보면 행복한 일도, 불행한 일도 찾아온다. 우리는 늘 행복할 수도, 늘 불행할 수도 없다. 왜 하필 이런 일이 나에게 일어난 걸까? 도무지 이해할 수도 없고 억울한 마음만 남는다면, 그 일은 결국 상처만 남긴 두렵고 아픈 기억이 될 뿐이다.

삶을 변화시키는 진리는 겉으로는 복잡해 보여도, 본질적으로는 단순하다. 자극과 반응 사이에는 '공간'이 있다고 한다. 어떤 일이 벌어졌을 때 즉각 반응하는 것이 아니라, 잠시 멈춰 생각할 시간이 필요하다. 하나뿐인 아들이 평생 심장병을 안고 살아갈지도 모른다는 두려움에 사로잡혔지만, 조급하게 반응하지 않고 잠시 멈춰서 생각했다. 책을 읽고, 숙고하는 시간을 가졌다. 아들이 완치 판정을 받기까지 오랜 시간이 걸렸지만 흔들리지 않으려 애썼고, 주변의 조언에 귀 기울이며 신중하고 차분하게 대응하고자 노력했다.

우리 가족 모두에게 너무나 힘든 시간이었지만, 지금 돌이켜보면 그 일은 가족의 소중함을 깊이 깨닫게 해 주었다. 그리고 힘든 순간에 위로와 응원을 해 준 사람들에게 더욱 감사를 느끼는 계기가 되었다.

'아들은 아버지의 뒷모습을 보고 자란다'는 말이 있다. 나를 많이 닮은, 지금 착실하게 군 생활을 하고 있을 아들을 생각하며 나 자신을 돌아본다. 내가 먼저 성장해야 모범이 되고, 가족을 든든히 지킬 수 있음을 알게 됐다.

아웃풋은 내면을 단단하게 만들어 주었다. 책을 읽고, 생각하고, 그것을 표현하는 과정에서 내 안에 잠들어 있던 무언가가 깨어난 듯했다. 행복과 불행은 동전의 양면처럼 늘 함께하지만, 내가 어떤 쪽을 바라보느냐에 따라 삶의 질이 달라진다는 사실을 깨달았

다. 사건을 바라보는 관점이 달라지면서, 행복은 결국 내가 선택
하는 것임을 알게 된 것이다.

## 2-9.

# 끝까지 해내는 힘이 나를 바꾼다

정주연

〈빛소영 아웃풋 스쿨〉에서는 책뿐만 아니라 다양한 방식으로 아웃풋을 한다. 연주회도 그중 하나다. 아웃풋 스쿨 멤버 모두가 악기를 선택해 연습하고, 연말에 무대에서 공연한다. 이는 단순히 악기를 배우려고 하는 것이 아니라, 끝까지 해내는 힘을 기르기 위한 과정이다.

나는 고민 없이 피아노를 선택했다. 초등학교 때 배웠고, 최근에 아이를 따라 학원에 다닌 경험도 있다. 익숙한 악기라 어렵지 않을 거라고 생각했다. 그러나 예상과 달랐다. 연주회 준비는 피아노를 배울 때와 전혀 다른 차원의 일이었다.

연습만이 답이라 생각했다. 아이를 유치원에 보내고 매일 10분씩 연습했다. 시간이 지나면 익숙해질 줄 알았지만, 오히려 더 어렵게 느껴졌다. 같은 부분에서 계속 틀리고, 어제 잘 치던 부분이 오늘은 갑자기 안 되기도 했다. 마음은 조급해졌고, 손가락은 꼬여 갔다. 혼자 연습하는 것으론 한계가 있었다.

전문가의 도움이 필요하다고 판단했다. 동네 피아노 학원을 찾아갔다. 선생님의 지도하에 조금씩 실력이 향상되었다. 학원 연습실을 사용하니 집중력이 높아졌고청했다. 피아노 전공자라 조언을 받으면 도움이 될 것 같았다. 하지만 그녀는 예상치 못하게 포핸드 곡을 제안했다. 악보를 보니 주어진 기간 내에 연습하는 것은 불가능해 보였다. 동시에 마음 한편에선 해내고 싶다는 욕심도 생겼다. 결국, 제안을 수락했다.

포핸드 곡은 기존 연주곡보다 더 어려웠다. 두 사람이 한 피아노에서 같이 연주하는 형식이라 서로의 호흡이 잘 맞아야 한다. 하지만 빛코치와 직접 맞춰 볼 수 없었기에 유튜브 영상을 참고하며 혼자 연습했다. 영상을 찍어 보내면 피드백을 받았고, 문제점을 파악해 하나씩 수정해 갔다. 연습과 보완을 반복할수록 점점 실력이 나아지는 것을 느꼈다.

물론 그 과정이 쉽지만은 않았다. 연습이 잘되지 않거나 의욕이 떨어지는 날도 많았다. 학원 선생님마저 이렇게 연습해선 연주할 수 없을 거라고 말했다. 하지만 빛코치는 해낼 수 있다고 했다. 미리 겁먹지 말고 자기 자신을 믿으면 된다고 말이다.

〈빛소영 아웃풋 스쿨〉에서 배운, 끝까지 해내는 힘을 떠올렸다. '절대로, 절대로, 절대로 포기하지 마라.' 포기하기 싫었다. 버텨 내고 싶었다. '딱 한 번만', '딱 10분만'이라도 연습하자는 마음으로 피아노 앞에 앉았다. 마지막 연습 영상을 보냈을 때, '기대 이상'이라는 피드백을 받았다. 그동안의 노력을 보상받는 듯한 순간이었다. 웃음이 저절로 나왔다.

연주회 당일, 가족과 함께 공연장으로 향했다. 신랑이 아이에게 엄마의 연주를 보여 주고 싶어 했다. 드레스를 차려입고 공연장에 들어서니 그 순간만큼은 피아니스트가 된 기분이었다. 엄마를 바라보는 아이 눈빛에서 기대와 응원이 담겨 있었다.

피아노에 앉는 순간, 심장이 빠르게 뛰었다. 연습한 대로 치고 싶었지만, 손이 떨려 왔다. 평가를 받는 자리가 아닌데도 나도 모르게 긴장했다.

떨림을 가라앉히려 애썼다. 두 손을 마주 잡고, 천천히 숨을 내쉬었다. 그리고 연주를 시작했다.

중간에 예상치 못한 실수들이 있었다. 당황했지만 멈추지 않고 연주했다. 완벽함보다는 곡을 끝까지 완성하는 게 중요했다. 마지막 음을 치자 박수가 들렸다. 끝났다. 결국 해냈다. 여러 번의 위기가 있었지만, 포기하지 않았다. 나도 해낼 수 있는 사람이었다. 나 자신이 대견하게 느껴졌다.

어렵고 불편한 도전들은 아웃풋 스쿨에서 많이 경험했다. 아웃풋 스쿨에서는 매달 지정 도서를 읽고 매번 다른 아웃풋 과제를 한다. 마인드맵, 코넬 노트, 블로그 글쓰기, AI 기술 활용, 경제 도서 읽기와 실제 투자까지. 대부분 관심 없거나 생소한 분야였다. 하지만 다양한 방식으로 아웃풋을 내면서 점차 익숙해졌고, 배운 것을 내 것으로 만들 수 있었다.

처음에는 모든 과제가 낯설고 어려웠다. 책을 제대로 이해했는지조차 확신할 수 없었다. 다른 사람의 결과물과 비교하며 내 부족함을 찾았다. 하지만 주어진 상황에서 최선을 다했고, 기간 내에 과제를 끝냈다. 서툴렀지만, 꾸준히 하다 보니 점점 만족스러운 결과가 나왔다. 어느새 남과 비교하는 일도 사라졌다. 낯선 일도 반복하면 익숙해지고, 익숙해지면 결국 능숙해진다는 걸 몸소 깨달았다.

연주회 준비 역시 마찬가지였다. 처음에는 실력이 부족하고, 연습이 힘들어 포기하고 싶었다. 하지만 매일 연습하며 문제점을 고쳐 나갔고, 끝내 곡을 완성할 수 있었다. 많은 사람 앞에서 연주한 경험은 마치 인생의 한 페이지에 커다란 점을 찍는 듯한 기분이었다. 이전과는 비교할 수 없을 만큼의 커다란 성취감이 느껴졌다. '뭐든 해낼 수 있다'는 믿음이 강해졌다. 이 경험을 통해 도전에 대한 두려움이 사라졌다.

몇 달째 다이어트를 하고 있다. 식습관을 바꾸고 매일 운동하지만 체중은 여전히 그대로다. 예전의 나라면 결과에 실망해 금방 포기했을 것이다. '이렇게 노력했는데 달라진 게 없다'며 한탄하거나, '역시 나는 안 되는구나' 하고 스스로를 책망했을 것이다.

하지만 지금은 다르다. 당장 눈에 보이는 변화가 없더라도, 꾸준히 해내려고 노력한다. 예전과 달리, 결과보다 과정이 중요해졌다. 이게 바로 내면이 단단해졌다는 증거가 아닐까. 비록 몸무게의 숫자는 변하지 않았지만, 몸속에서는 변화가 일어나고 있었다. 체지방이 줄고 근육량이 늘었다. 바지 치수가 작아졌고, 허벅지에도 근육이 생겼다. 식단을 조절하는 습관도 자연스럽게 자리 잡았다. 포기하지 않고 버텨 낸 덕분에 얻은 결과이다.

마흔이 넘으면 새로운 도전을 시도하는 게 부담스럽다. 가족과 일, 다양한 책임 속에서 자기 자신을 위한 시간을 내기는 더욱 어렵다. 하지만 변화는 작은 실천에서 비롯된다. 매일 10분씩 피아노를 연습하듯, 책 읽기, 글쓰기, 운동하는 것도 짧은 시간이라도 꾸준히 이어 가면 변화를 만들 수 있다.

완벽한 사람은 없다. 완벽한 인생도 없다. 중요한 것은 끝까지 해내는 힘이다. 어떤 일이든 마지막까지 포기하지 않는다면 우리는 인생에서 아주 많은 승리를 만나게 될 것이다. 당장의 결과가 보이지 않더라도 끝까지 버틴다면, 어느 순간 우리는 꿈꾸던 모습에 가까워져 있을 것이다. 그것이 바로 아웃풋이 만들어 내는 변화다.

## 2-10.

# 삶을 바꾼 독서 그리고 도전

### 최유라

"제가 어떻게 해서든 유라 님 살려 낼 겁니다."

전화 코칭의 첫 통화에서 들은 말이다. 그 말을 듣는 순간, 눈살을 찌푸렸다. 오버가 좀 심한 사람이라 생각했다. 하지만 〈빛소영 아웃풋 스쿨〉에 참여하기로 했으니 열심히 하겠다고 했다. 어떤 '힘든' 미션이 기다리고 있을지 알 수 없었지만, 강제로라도 책을 매달 1권 이상 읽고 책을 통해 무엇인가 한다는 것이 좋아 보였다. 일주일에 한 번, 줌(Zoom)에서 만났다. 모임 시간은 아침 6시. 성공하는 사람들은 이른 새벽에 일어난다는 말을 수없이 들어왔기에 일찍 일어나는 습관이 성공으로 가는 첫걸음이라 믿었다.

아웃풋 독서는 책을 읽고(Input) 책의 내용 어떤 것이든 자신의 삶에 적용(Output)하는 것이 목표이다. 책에서 읽은 내용을 내 삶에 어떻게 적용할 것인가를 생각하는 것이 어려웠다. 매일 아침 자신의 정체성을 선언하고, 녹음해서 카톡방에 올리는 미션은 거부감이 들었다. 불행한 현실 속에서 '나는 행복한 사람이다'라고 말하는 것은 거짓말하는 것 같았다. 하기 싫은 마음을 표현했다. 코치는 매일 말하다 보면 정체성을 가진 사람이 되려고 노력하게 된다며 꾸준히 하라는 말과 함께 몇 가지 추가 지령을 주었다.

첫째, 어떤 상황에서든지 부정적 단어를 입에 담지 말 것.
둘째, 절대 남과 자신을 비교하지 말 것.
셋째, 과거는 과거일 뿐. 바꿀 수 없는 일들은 내려놓고, 오직 할 수 있는 일에만 집중할 것.
넷째, 사람의 말을 있는 그대로 들을 것. 자신만의 해석을 덧붙이지 말 것.

제대로 해 보지도 않고 불평과 불만만 늘어놓는 사람, 실행한 지 얼마 되지도 않아 의심부터 하는 나를 볼 수 있었다. 과거보다 더 나은 내가 되기로 결심했으니 말해 준 4가지를 실천하려고 노력했다. 부정적인 상황에서 긍정적으로 생각하는 것은 힘들었지만, 변하고 싶은 마음이 더 컸기에 노력 또 노력했다.

책 속 문장을 통해 나의 삶을 되돌아보며 내면을 돌보고, 경제 서적을 통해 세상의 흐름을 하나씩 배워 나갔다. 읽어야 할 분량이 많은 날도 있었고, 매일 미션을 수행해야 했기에 친구들을 만날 시간이 없었다. 알람까지 맞춰 가며 3~4개의 미션을 하기도 했다. 오늘 끝내지 않으면 내일 더 많이 해야 하기에 무조건 오늘 끝내려고 마음먹었다. 퇴근 후 저녁밥을 먹으면서 책을 읽었다. 학창 시절, 시험 기간에도 밥 먹으며 책을 본 적이 없는 나였는데, 독서 모임 미션을 위해 애쓰고 있는 내가 웃기기도 하고, 대견하기도 했다. 주변 사람들은 뭘 그렇게까지 힘들게 사냐고 물었다. 퇴근 후에는 쉬는 것이 정답이라고 했다. 그들의 말처럼 '힘들게 살면서 또 나를 괴롭히고 있는 것은 아닌가' 하는 의구심도 들었다. 책을 읽으면 많은 것을 배울 수 있고, 긍정의 마음을 가지게 되고, 자신도 모르는 사이에 변하게 된다는 말을 많이 들었다. 남들이 알아차릴 만큼의 변화가 없어 지인들이 모르는 건가 싶어 조바심도 났다.

책을 읽고 책에 대한 여러 가지 이야기를 나누는 것을 좋아하는 사람임을 깨달았다. 미션을 하는 것이 힘들지만 재미도 있었다. 때로는 '나를 행복하게 하는 것들은 무엇인가? 나의 장점 50개 이상 쓰기' 같은 아주 쉬운 것 같은 질문이 가슴을 막막하게 만들 때도 있었다. 내가 나를 잘 안다고 착각하고 살고 있었다. 머리를 쥐어짜며 장점을 써 봤지만 50개를 채울 수 없었다. 멤버들의 발표에 머리를 한 방 맞았다. 아주 사소한 것 하나하나 모든 것이 다 장점이 될 수 있었다. '손이 예쁘다, 물을 많이 마신다, 술을 마실 줄 안다' 등등. 시험 성적처럼 등수를 매기는 것이 아니었기에 나의 모든 것이 장점이 될 수 있었다. 그렇게 생각하니 나도 수많은 장점을 가지고 있는 사람이었다. 아웃풋 독서 모임을 열심히 한 결과, 나는 그해 MVP 멤버로 3번이나 선정되었다. 그날 이후 나의 장점 리스트에 성실함도 추가해 두었다. 리스트 목록을 보니 나도 참 괜찮은 사람인 것 같은 생각이 들었다.

서울로 가는 기차 안, 나의 심장이 요동치고 있었다. 눈은 핸드폰에 담겨 있는 PPT 파일을 보고 있었지만, 떨리는 심장 때문에 잘 보이지 않았다. 나를 색안경을 끼고 보면 어쩌나. 군이 솔직하게 이야기할 필요가 있겠느냐는 생각이 계속 나를 힘들게 했다. 과거에 비해 많이 성장한 것이 맞냐는 의심도 들어 발표하기 싫다고 거부했지만, 빛코치는 완강했다. 발표시키기 위해 MVP 준 것은 아닌가 하는 의심도 들었다. 지난날 내가 무엇을 했는지 천천히 되돌아보았다. 나의 상황과 마음을 진솔하게 이야기할 때 청자도 나의 이야기에 귀 기울여 줄 것이라고 생각하며 마음을 다잡았다.

검정 바탕에 빨간색으로 쓴 '죽고 싶다'로 시작된 PPT 화면을 띄웠다. 울컥거리며 떨리는 목소리, 금방이라도 눈물이 쏟아져 나올 것 같았다. 몸 밖으로 튀어나와 쿵쿵 뛰고 있는 것 같은 심장을 부여잡고 발표를 마쳤다. 결과는 대성공이었다. 뛰어난 언변과 제스처로 발표를 잘했다는 의미가 절대 아니다. 처음으로 타인에게 나의 상황과 생각을 이야기할 수 있는 날이었다. 발표 이후 마음이 한결 편해졌다. 나에 대해 솔직하게 이야기해도 편견 없이 바라봐 주는 사람들에게 감사했다. 사람들은 내가 상상한 것만큼 나에게 관심 없다는 것도 알게 되었다. 일어나지 않을 일을 미리 걱정하며 나를 불안하게 만든 사람은 나였다. 하기 싫어도 시키는 것은 무조건하면 좋다는 아웃풋 스쿨의 진리를 깨달았다. 발표하길 잘했다는 생각이 들었다. 잘하는 것도 중요하지만, 해내는 것이 더 값지다는 것을 경험했다. 듣기만 하는 것보다 직접 시도해 보면 더 많이 느끼고 성장할 수 있다는 생각이 들었다.

'말이 씨가 된다'라는 속담을 믿었고, 변화를 결심했기에 분명 변할 수 있겠다고 생각했다. 부정적인 생각이 떠오르는 날도 많았지만 입 밖으로 내지 않았다. 남들보다 더 우울하고 참담한 삶을 살아온 것 같던 내 인생이 조금씩 다르게 보이기 시작했다.

부모님이 나를 위해 베풀어 주신 수많은 희생과 사랑은 외면한 채, 부모님을 원망하며 살아온 나였다. 스스로 불행한 사람이라 단정 짓고, 그 틀 안에 갇혀 세상 밖으로 나가기를 두려워하며 저항하고 있었다. 세상 밖으로 나가는 것이 잃을 것이 더 많아 보였다. 슬픈 일을 많이 겪었으니 나는 당연히 위로받아야 마땅하다고 스스로 합리화했다. 좋은 말들은 기억조차 하지 않고, 마음속에는 중요하지 않은 말들만 품고 살았다. 행복하고 즐거운 일들에 대한 감사는 잊고, 슬픈 기억들만 되새기며 살았다는 것을 깨달았다. 아웃풋 독서를 통해 내면과 외면을 돌보는 다양한 미션을 수행했다. 그 과정에서 부정적 감정에 매몰되지 않고, 객관적인 시각으로 나를 있는 그대로 바라보게 되었다.

과거는 되돌릴 수 없지만, 매일의 작은 실천과 도전은 과거와는 다른 미래로 우리를 이끌어 준다. 시작이 거창할 필요는 없다. 처음부터 잘하려는 마음도 내려놓자. '잘해야 한다'는 생각은 오히려 욕심이 될 수 있으니 완벽함보다는 실행 자체에 의미를 두는 것이 더 중요하다.

새로운 일을 시도하는 것은 귀찮고 낯설며, 때로는 두려움을 동반할 수 있다. 과거보다 나은 나를 만들고 싶다는 마음 하나로 책을 읽고, 영상을 보며 나만의 작은 목표를 세웠다. 그것을 매일 단 1분이라도 꾸준히 실천하면 작은 한 걸음이 쌓여 결국 삶에 큰 변화를 불러올 것이라 믿는다. 작은 시작이 위대한 변화를 만든다. 중요한 것은 완벽함이 아니라 꾸준함이다.

# 3장

## 성과를 만드는 핵심 노하우

# 3-1.

# 나를 만나는 법

강단교

식당을 운영하기 시작하면서, 먹는 시간과 잘 시간을 아껴 가며 일했다. 책 읽고, 강의 듣고, 토론하며 자기 계발 하던 시절은 과거가 되었다. 뒤돌아볼 틈 없었다. 돈을 벌어야 했다. 겁도 없이 대출받아 땅을 산 걸 후회했다. 늘어나는 이자는 감당하기 힘들었다. 죽도록 일했지만, 통장 잔고가 늘어나기는커녕 현상 유지하기도 벅찼다.

손으로 음식을 만드는 직업. 손도 버티기 힘들었는지 하루에도 몇 번씩 견디기 힘든 통증이 올라왔다. 예고도 없이 찾아오는 통증은 '아!' 소리 낼 틈도 주지 않았다. 등줄기가 서늘해지고 식은땀이 흘렀다. 괜찮아졌다고 생각했던 목 디스크까지 도졌다.

겨울, 식당이 한가해지자 번 아웃, 우울, 두려움, 무기력이 밀려왔다. 책을 읽으면 좀 나아질까, 책장에서 이 책, 저 책을 뽑아 들었지만, 글이 눈에 들어오지 않았다. 침대와 한 몸 된 채 드라마 몰아 보기, 영화 요약 등 아무거나 틀어 놓고 시간을 흘려보냈다.

여느 때처럼 누워 휴대 전화를 뒤적거리다 '소액 투자로 70억 자산가 되다'라는 제목이 눈에 들어왔다. 인터뷰 형식의 영상이었다. 알고 보니 그 자산가는 책을 여덟 권이나 쓴 작가였다. 어떤 사람인지 확인해 보고 싶었다. 밀리의 서재에서 그 사람의 책을 발견하자마자 자세도 바꾸지 않은 채 읽어 내려갔다. 우울함을 떨쳐 내려고 책을 꺼내 들었을 때와 다르게 술술 읽혔다. 밑바닥부터 시작해 성공한 그 사람처럼 되고 싶었다. 책에 나온 방법을 그대로 따라 해 보기로 마음먹었다. 확언과 감사하기는 예전에도 해 본 적 있어 비교적 쉽게 시작할 수 있었다.

강단교, 너는 무조건 잘될 수밖에 없어.

주변 사람들도 모두 다 잘될 수밖에 없어.

나는 모든 면에서 점점 더 나아지고 있고, 매일매일 성장하고 있다.

아침저녁으로 일기를 쓰기 시작했다. 일기 바로 밑에 감사한 것들도 적었다. 잘될 수밖에 없다는 확언 세 줄과 소망을 담은 문장 한 줄도 적었다. 종일 침대에서 벗어나지 않던 내가 새벽에 일어나 책상에 앉아 강의를 듣기 시작했다. 수시로 도서관에서 책을 빌려 와 읽고 코넬 노트에 정리했다. 확언과 감사하기는 예전에 해 본 적 있지만, 일기 쓰기는 처음이었다. 세 가지를 함께 하니 시너지 효과가 대단했다. 일기를 쓰며 마음이 차분해졌고, 매일 확언을 반복하니 자신감도 생겼다. 작은 일에 감사하니 자연스럽게 긍정적인 태도가 자리 잡았다.

무기력하게 지내던 어느 날, 믿고 따르던 코치에게서 전화가 왔지만 받지 않았다. 방구석에서 드라마나 보며 이불 끌어안고 잠만

자고 있다고 말할 자신이 없었다. 코치를 통해 알게 되어 친하게 지내던 동생에게서도 연락이 왔지만, 역시 받지 않았다. 계속 전화할 것 같아 몸살이 나서 못 받았다는 핑계와 잘 지낸다는 메시지만 남겼다.

정신 차리고 보니 걱정하고 있을 코치가 떠올랐다. 용기 내 전화를 걸어 우울했고 무기력했었다고 솔직하게 이야기했다. 코치는 걱정하며 내 연락을 기다리고 있었다고 했다. 코치가 요즘 어떻게 지내냐고 물었다. 다시 기운 내서 경제 공부도 하고, 책도 읽기 시작했다고 답했다. 코치는 다시 프로그램에 참여해 보는 게 어떻겠냐고 물었다. 눈물이 날 것 같아 휴대 전화를 얼굴에서 멀리 떨어뜨리고 길게 숨을 내쉬었다. 간신히 숨 고르고 알겠다고 답했다. 염치없었지만, 코치가 내밀어 준 손을 잡았다. 그 기회를 놓치지 않았다.

먼지 쌓인 노트북부터 꺼냈다. 마인드맵과 미리캔버스 같은 디지털 도구를 활용해 과제를 해야 했다. 익숙하지 않아서 실수투성이였다. 거의 다 끝낸 문서가 통째로 날아가기도 했다. 종일 매달려야 과제를 겨우 마칠 수 있었다. 초심으로 돌아가 하나하나 처음 하듯 배우는 마음으로 시작했다. 뒤처진 2년의 공백을 메꾸고 싶었다.

경제와 AI 등 사회 트렌드를 다룬 책과 자존감을 키우고 내면 성장을 돕는 도서와 영상 자료를 보며, 배우고 느낀 것들을 하나씩 적용해 나갔다.

ChatGPT와 같은 AI 도구들은 익숙해지면 유용하지만, 처음에는 낯설기만 했다. 어렵고 잘되지 않아 종일 씩씩대기도 했다. 버벽대는 컴퓨터 앞에 앉아 결과물이 나오길 바라며, 제발 조금만 더 버텨 달라고 애원하기도 했다.

자존감을 키우는 것이 중요한 것도, 경제와 새로운 트렌드를 알아야 하는 것도 알고 있었다. 하지만 종일 걸리는 과제가 부담스러워졌다. 두 가지 프로그램 중 하나만 선택해야 하나, 이러고 있을 때가 아니라 당장 돈이 되는 공부를 해야 하는 게 아닐까. 고민하게 되었다. 3년 동안 참여한 멤버에게 의견을 물었다. 묻지도 따지지도 말고 계속해 보라고 했다. 조언대로 하다 보니 서너 달 지나면서 점차 익숙해졌고, 뭐든 해내는 속도도 제법 빨라졌다.

어느 순간, 이전에 익히고 적용했던 아웃풋과 새롭게 배워 적용하기 시작한 아웃풋이 퍼즐 조각처럼 맞춰지며 하나로 연결되는 듯했다. 방향을 제대로 잡아 가고 있다는 확신이 들었다.

번 아웃에서 벗어났지만, 상황은 여전했다. 들어오기로 한 결제 대금이 들어오지 않고 있었다. 다음 달, 다음 달. 미뤄지기만 했다. 5월에 들어오기로 한 돈이 11월에야 들어왔다.

이전의 나였다면 이런 상황을 버텨 내지 못했을 것이다. 들어오지 않는 돈을 기다리며 신경을 곤두세우고, 신세 한탄만 하며 지냈을 게 뻔하다. 힘든 시기였지만 프로그램에 참여하면서 딴생각할 틈 없이 내면 성장에 집중할 수 있었다. 긍정적으로 생각하게 되었고, 참여자들과 소통하고 공감하며 위로받았다. 혼자가 아니라 함께여서 든든했다. 특히, 코치의 조언대로 일기에 내 감정을 기록하고 분석하는 연습이 큰 도움이 되었다.

일기에 감정을 글로 적고 들여다보니 전보다 이성적으로 판단하게 되었다. 나 자신을 더 깊이 이해하게 되었고, 무겁던 마음도 한

결 가벼워졌다. 다시 우울해지기 시작하더라도 마음의 변화를 알아채고 스스로 다독일 수 있었다. 감정의 회복탄력성이 높아졌다. 하루를 글로 정리하며 부족한 부분은 반성하고, 적용할 점은 실천하려 노력하니 자연스럽게 실행력도 길러졌다. 일기를 쓰기 전에는 다짐했던 것들을 쉽게 잊어버려 의지도 약했다. 일기를 쓰니 목표와 다짐, 그리고 나의 정체성을 잊지 않게 되었다.

 하루 5분, 일기를 써 봤으면 좋겠다. 귀찮다고 생각하지 않았으면 한다. 나도 처음에는 일상 몇 줄 적는 걸로 시작했다. 늦잠 잤다. 일어나서 운동 10분 했다. 마트에 다녀왔다. 마트 다녀오는 길에 엄마와 카페에 들러 아메리카노 한 잔 마셨다. 엄마와 장 보고, 커피 마시며 수다 떠니 스트레스가 풀렸다. 이렇게 쓰다 보니 생각들도 하나둘 꺼내졌다. 반성도 하게 되고, 목표도 적게 되고, 나에게 질문도 하게 되었다. 이 이야기, 저 이야기, 흩어져 있던 생각들을 꺼내고 정리할 수 있었다. 매일 꾸준히 쓰는 과정에서 끈기도 생겼다. 소소한 일상에 감사하는 습관을 기르니 불평불만이 사라졌다. 자신 없었던 인간관계의 폭이 넓고 깊어졌다. 먼저 다가가는 사람이 되었다. 적극적으로 생각을 표현하게 되었다. 선한 영향을 주는 사람을 꿈꾸게 되었다. 잘 살아가고 싶어졌다.

 감정 기복이 심하다면, 긍정적인 삶을 살아 보고 싶다면, 일기를 써 보길 권한다. 내가 뭘 좋아하는지, 무엇을 잘하는지, 나에 대해서 아직도 모르겠다면 일기를 써 보길 바란다. 그리고 꼭, 종이에 펜으로 직접 적어 봤으면 좋겠다.

 나 역시 '일기는 초등학생 숙제로 하는 거 아닌가. 굳이 종이에 적어야 할까.'라고 생각했다. 직접 써 보며 그 이유를 알게 되었다.

일기 쓰기는 사소해 보이지만, 그 사소한 일이 가진 힘과 삶에 미치는 긍정적인 영향을 경험했다.

일기는 나 자신을 발견하는 과정이자 내면의 목소리를 듣는 가장 확실하고 쉬운 방법이었다. 무엇을 원하는지 알게 되니 비전과 목표도 세울 수 있었다.

피타고라스는 "자신을 알기 위해서는 먼저 자신에게 질문을 던져야 한다"고 말했다. 하루를 기록하고 자신과 대화하는 과정을 통해 깊은 곳에 숨어 있는 나를 발견할 수 있다. 나의 가치를 알게 되니 원하는 것이 무엇인지 선명해졌다. 몇 자 끄적이기만 해도 좋다. 그냥 써 봤으면 좋겠다. 써 보면 무엇을 해야 할지 알게 된다. 자기 계발을 시작하는 사람이 "뭐부터 해야 할까?"라고 묻는다면 주저 없이 대답할 것이다.

"일기부터 써!"

일기는 인생의 나침반이다. 그 나침반을 들고 나를 찾는 여정을 떠났으면 좋겠다.

# 3-2.

# 나를 강하게 하는 힘

김은진

시스템이 몸에 익숙해지면서 공부하는 것이 재미있어졌다. 한 달 동안 촘촘한 시스템 안에서 다른 사람들과 함께하니 포기할 수 없었다. 혼자만의 약속이 아니기에 꼭 지켜야 했다. 나약한 내면을 알기에 이런 과정이 나에게는 중요했다. 내면을 단단하게 하고 원하는 방향으로 삶을 살아가기 위해 책을 읽었다. 모임을 할 때면 생각을 공유하고, 공감하고, 위로받았다. 마음이 치유되는 시간이었다. 생각을 끄집어내서 이야기하는 것은 용기가 필요했다. 두려움을 뒤로하고 용기 내 마음속 이야기를 끄집어냈을 때, 말로 표현하기 어려운 성취감을 느꼈다. 좋은 사람들이 모여 서로를 위해 응원해 주고, 선한 영향력을 나누었다. 함께 기뻐하고, 슬픈 일에는 함께 마음을 나눴다. 마치 든든한 지원군이 생긴 듯했다.

잘한다는 칭찬을 받으면 그 어떠한 보상보다도 귀했다. 인정받는 기쁨이 고래도 춤추게 하듯 나를 움직였다. 잘하고 싶었다. 주어진 미션을 꾸준히 잘하려고 했다. 하다 보니 마인드맵으로 아웃풋을 하는 것이 잘 맞았다. 매일 책을 읽고 마인드맵으로 정리했다.

**1단계, 핵심 주제 설정: 책을 읽고 중요한 메시지를 정리**
**2단계, 주요 개념 가지치기: 핵심 내용을 3~5개 키워드로 정리**
**3단계, 세부 내용 추가: 주요 개념에서 세부 내용 확장**

인상 깊었던 문장, 생각 정리 등을 했다.

생각을 시각적으로 잘 정리할 수 있고, 가지치기를 하면서 생각을 적어 나가면 막히지 않고 술술 생각을 확장해 갈 수 있었다.

아웃풋 스쿨이라는 모임에 들어온 지 8개월 됐을 때쯤, 발표하는 시간을 갖게 되었다. 나의 상반기 뉴스에 관한 것이었다. 프레젠테이션으로 진행했다. 일을 할 때도 PPT를 한 번도 써 본 적 없는데, 새로운 것을 배우고 발표까지 한다니 설레면서도 긴장됐다.

무사히 발표를 마치고 뒤돌아보니 한 달에 2권씩, 많게는 4권까지 총 8개월을 했으니 못해도 20권 이상은 읽었다. 매년 목표를 독서로 정해 놨어도 5권 이상을 읽지 못했다. 목표만 설정해 놓고 달성하지 못했는데, 자연스럽게 매달 2권의 책으로 아웃풋을 꾸준히 하니 연간 20권 이상 독서를 하게 된 것이다. 많은 숫자는 아니지만 깊게 읽었기 때문에 더 의미 있다.

스스로가 대견했다. 책은 읽었지만 이렇게 깊게 읽은 적은 없었다. 대충 읽고, 읽었다는 것에만 집중했다. 책을 많이 읽는 행위에 의미를 두었는데, 깊게 읽었을 때는 책이 전해 주는 메시지를 잘 알 수 있었다. 글쓰기는 나와 먼 얘기처럼 생각됐는데, 자연스럽게 블로그, 마인드맵, 아웃풋 노트, 발표 등 다양한 방법으로 아웃풋을 하니 저절로 글이 써지고 생각들이 단단해졌다.

처음에는 하나의 프로그램으로 시작했지만, 점점 늘려 가며 네 개까지 수행했다. 몰입하는 시간이 많아지면서 가능해졌다. 시간을 밀도 있게 쓰게 됐다. 낭비되는 시간을 아끼려고 아이들 놀이터 옆 벤치에 앉아 노트북을 펴고 공부했다. 유난스럽게 보일 수 있었지만 남 시선이 중요한 게 아니었다. 그만큼 나에게 집중하고, 이번에는 성공하고 싶었다. 네 개의 아웃풋을 완성한 달에는 인생을 돌아보며 '이렇게 열심히 산 순간이 있었을까? 나 자신에게 고마웠다. '할 수 있다'는 자신감이 온몸을 채웠다. 완벽하게 통제된 삶을 살고 싶었다.

새벽 5시, 무작정 옷을 입고 밖으로 나갔다. 먼저 산책을 하며 멍때렸다. 그러면 자연스럽게 생각들이 올라왔다. 오늘 해야 할 일, 어제 읽은 책의 내용, 내 안의 고민. 생각을 정리한 뒤 집으로 돌아와 책상에 앉았다. 그리고 다이어리를 적으며 하루를 설계했다.

정리가 끝나면 독서를 시작했다. 출근 전까지 책을 읽으며 밑줄을 긋고, 짧은 메모를 남겼다. 퇴근 후 아이들을 찾으면 놀이터에서 나머지 공부를 했다. 아이들이 늦게까지 놀아 주는 것이 고마울 정도였다. 집에 돌아와 씻기고, 저녁을 먹이고, 설거지를 마치면 눕고 싶었다. 하지만 실패하고 싶지 않았다. 온 에너지를 모아 마지막까지 해야 할 것을 점검하고 잠을 청했다.

이렇게 6개월. 삶의 습관이 잡혔다. 강인해진 나를 느꼈다. 이전과 다르게 성취감을 맛본 후, 모든 일에 자신감이 생겼다.

어느 날, 늦은 밤까지 줌 수업을 끝내고 잠이 들었다. 아침에 일어나니 배 쪽에 두드러기가 났다. 여름이라 더워서 그런가? 싶어 신경 쓰지 않았다. 오후가 되니 견딜 수 없이 간지러워 병원 가서 약 처방을 받고 푹 잤다. 일어나니 전날보다 심하게 올라왔다. 약을 먹고 주사를 맞아도 얼굴까지 두드러기가 올라왔다. 병원에서는 원인을 알 수 없다는 말뿐이었다. 마음이 무너졌다. 갑자기 왜 이런 일이 생겼을까? 잘하고 있었는데 이제 막 뭔가 되려나 싶었는데 앞을 막는 장애물에 마음이 흔들렸다. 음식이 문제인가 싶어 2주 동안 흰죽만 먹었다. 살은 빠지는데, 온몸에 힘이 없었다. 기운이 없으니 하고 싶은 의지도 점점 작아졌다. 하지만 이대로 또 포기하고 싶지 않았다. 이미 강해진 정신력으로 책 읽고 아웃풋하는 것에 집중했다. 병원에 링거 주사 맞으러 가면서도 아웃풋할 수 있는 시간이 생겨 오히려 기분이 좋았다. 몸은 힘들었지만 단순한 삶을 살게 되니 시간 관리가 더 효율적이었다. 그러나 이유도 없이 두드러기가 2개월이나 계속됐다. 감정 기복도 심했다. '평생 이렇게 살아야 하나? 도대체 뭐가 문제일까? 왜 이런 일이 반복될까?' 끊임없는 질문들이 나를 괴롭혔다. 집중하려고 애썼지만, 감정은 내 뜻대로 되지 않았다. 답이 없다는 말이 힘들었다. 차라리 외상을 입은 거면 치료하면서 좋아질 것이라는 희망이 있지만, 두드러기는 그 끝을 알 수 없다. 내 마음을 누가 알까? 그 고통은 이루 말할 수 없었다. 그래도 멈추지 않고 책을 읽고 아웃풋을 하며 흔들리지 않으려 노력했다. 시간이 걸리긴 했지만 결국 5개월 후, 두드러기는 사라졌다.

그때 알게 된 한 문장, '두려움은 실체 없는 용이다.' 보이지 않는

허상을 키우지 않으려고 했다. 막연한 기다림, 두려움을 마주 보고 결국 내 힘으로 견뎌야 했다. 그 누구도 고통을 대신 느끼고 버텨 줄 수는 없다. 아웃풋을 통해 생각이 단단해지면서 버텨 내는 힘이 생겼다. 내 힘으로 할 수 없는 것보다 할 수 있는 것에 집중하며 두려움을 극복해 나갔다. 생각보다 강한 힘이 있었고, 그것을 이겨 내면서 더 강해진 것을 깨달았다. 두려움을 넘어서면서 더 강한 나를 만난 것이다. 외부 환경에 쉽게 흔들렸던 나인데, 스스로 감정을 조절하고 극복해 낸 것이다.

고통이 지나고 나면 더 강해진다는 말이 딱 맞았다. 고난을 이겨 내고 난 후 단단한 내가 되었다. 더 이상 두려움에 휘둘리지 않는다. 앞으로 어떤 어려움이 생겨도 나아갈 것이다.

### 3-3.

# 바닷가 한 달 살기, 나에게 집중하다

김체원

한 주에 한 번 1:1 줌 코칭 하고 매일 기록을 이어 나갔다. 할 수 없을 것 같았는데 해내는 일상. 스스로 느끼는 성취감이 쌓여 갔다. 여전히 병원에 다니고 있었지만 마음이 한결 편해진 탓인지, 주변에서는 얼굴이 환해졌다고 했다. 추석이 지나 가족들에게 한 달간 여행을 다녀오고 싶다고 말했다. 나만의 시간을 가지며 몸도, 마음도 치유할 시간이 필요했다. 남편은 집에서 편하게 쉬면 되지 굳이 고생스럽게 그러느냐 말하면서도 동의해 주었고, 성인인 두 아들은 하고 싶은 대로 다 하라며 응원해 주었다.

고향에서 멀지 않은 곳, 엄마와 가족이 자주 찾던 바닷가가 있다. 혼자 한 달을 보낼 숙소를 정하기 위해 1박 2일로 오랜만에 그곳을 찾아갔다. 바다 바로 앞 전망 좋은 펜션으로 정했다.

다음 날 아침, 샤워를 마치고 나가려는데, 화장실 문이 열리질 않았다. 전날 문손잡이를 교체한 것이 잘못됐었나 보다. 문밖에서는 음악 소리가 크게 들렸다. 그제야 손에 핸드폰이 없다는 걸 알아챘다. 난감했다. 손잡이를 잡고 힘을 주니 부러져 버렸다. 틈새로 손가락을 넣었다가 손톱이 깨지고 손가락은 쓸려서 피가 났다. 도와 달라며 소리 지르고 문을 두드렸다. 한참이 지나도 인기척이 없었다. 다시 세게 두들기며 소리쳤다. 펜션 주인이 놀라며 발코니를 통해 들어와 문을 열어 주려 애썼지만, 밖에서 여는 게 쉽지 않았다. 김 서린 화장실에서 오들오들 떨고 있는 나를 보더니 너무나 미안해하는 사장님. 볼 꼴 못 볼 꼴 다 본 우리의 인연은 그렇게 시작되었다. 한 달 치 숙박비 할인을 많이 받아서 그나마 괜찮았다.

출발하는 날, 짐을 챙기다 보니 차에 짐이 꽉 찼다. 먹는 것도 최소한, 옷도 최소한 줄였는데, 책이 산더미였다. 어차피 다 읽지 못하겠지만 욕심냈다. 다시 읽고 싶은 책, 사 놓고 읽지 못한 책, 추천 책 등 무게도 장난이 아니었다. 카트에 담긴 책을 보면서 펜션 주인은 글 쓰는 분이냐고 물었다. 그렇다고 하고 싶었지만, 쉬러 왔다고 이실직고하였다.

바닷가에서의 첫날은 태풍 끄라톤으로 인해 폭풍과 폭우가 대단했다. 다음 날도 무시무시한 태풍으로 온 바다가 떠나갈 듯하다. 날씨가 맑았으면 좋았겠지만, 태풍이 일렁이는 바다여도 상관없었다. 모처럼 혼자 떠나온 홀가분함으로 인해 아무래도 좋은 것이다.

어쩌다 밤에 파도 소리에 잠에서 깨기라도 하면 다시 잠들기 쉽지 않았다. 그 참에 읽고 싶었던 책을 읽었다. 파도 소리만 들리고 아직 캄캄한 때, 집중하기 좋았다. 동트는 새벽까지 책을 읽다가 아침에 잠들기도 했다. 일어나면 두유에 블루베리, 바나나, 아몬

드, 호두를 넣고 채질 주스 한 잔을 갈아 마신다. 건강을 챙기기 시작하며 생긴 아침 루틴이었다.

펜션은 방마다 바다가 보이도록 지어져 있었다. 방은 따로 독립되어 있고, 각각 데크가 깔린 발코니가 딸려 있다. 발코니는 파란 하늘과 드넓은 바다가 한눈에 들어오는 나의 최애 장소였다. 거기 앉아 바라보는 하늘과 바다는 하루 종일 봐도 질리지 않았다. 세 평의 작은 방 통창으로도 바다가 훤히 보인다. 풍경을 보며 음악을 듣거나 책을 읽다가 아침 해가 떠오를 무렵, 해변으로 나가 지치도록 걸었다. 오는 길에는 모닝커피 한 잔 마시기도 하고, 졸졸 따라다니는 펜션 강아지 태풍이랑 실컷 뛰어놀기도 했다.

어찌 된 일인지 아프지가 않다. 여름내 달고 살던 감기는 큰 일교차에도 끄떡없고, 장 문제도, 멀쩡한 무릎도 신기하기만 했다. 자연과 함께여서인지 세상 편한 마음 탓인지, 건강해지고 회복되고 있었다. 그간의 상처와 후회 삶의 무게를 내려놓게 되면서 하루하루가 소중하게 다가왔다. 나의 상황은 변한 것이 없지만, 이전의 나와는 너무나 달라지고 있었다.

경제적 자유라는 그럴듯한 명분으로 돈을 좇고, 세상의 성공만을 바라며 기를 쓰던 나였다. 열심히 성취해 내야 행복해질 수 있다고 믿었다. 하지만 새롭게 알아 가고 있다. 무엇을 이루어 내지 않더라도, 아무것도 하지 않아도 내 삶을 충만함으로 채우며 행복해질 수 있다는 사실을. 세포 하나하나가 깨어나는 것을 느꼈다. 매일같이 떠오르는 태양과 수평선 너머로 지는 석양을 마주하며 자연의 일부가 된 듯했다. 고요함 속에서 나를 바라보고 있는 또 하나의 나를 마주했다. 존재 자체만으로 귀한 나. 이제야 그간의 안 좋았던 일을 흘려보낼 수 있을 것 같았다. 지난 일은 지난 일일 뿐, 더 이상 과거에 얽매이지 말고 홀가분하게 떠나보내야 할 때다.

성수기가 지난 바닷가의 가을은 일찌감치 저녁이 마무리되고, 온 세상이 조용해진다. 일찍 잠자리에 들고 이른 새벽에 눈을 뜨게 된다. 새벽은 나를 강하게 의식하는 시간이었다. 이전에 하다 만 명상을 새로 시작했다. 명상하고 긍정 확언을 쓰고 말하며 내 귀로 들었다. 시각화하고, 일기를 쓰고, 새로운 하루를 맞이했다. 가지고 간 폼롤러로 온몸을 깨우고 스트레칭 하며 하루의 루틴을 만들어 갔다. 루틴을 이어 갈수록 긍정적인 에너지가 더해졌고, 자신감이 생겨났다.

코치는 역시나 새로운 미션을 주었다. 블로그 1일 1포스팅을 목표로 도전해 보라 했다. 이전에도 몇 번 시도했지만, 이내 관뒀었다. 부동산을 할 때는 돈 주고 맡기거나 젊은 직원들이 관리했었다. 디지털에 익숙해져야 하지만 옛날 사람이라며 늘 핑계 댔다. 진도가 전혀 나지 않았다. 온라인 세상에 나의 얘기를 올리는 것도 거북했다. 노트북이 자꾸 끊겨 어쩔 수 없이 노트에 써야겠다며 엄살 부렸다. 코치는 아무도 안 읽으니 걱정 말라고, 핸드폰으로 해도 된다고, 사진도 예쁘게 찍어 올려 보라며 줌 화면을 닫았다. 어차피 해낼 걸 알고 있다. 몇 줄 안 되는 글을 몇 시간이나 걸려 핸드폰으로 작성했다. 바닷가에서 한 달 살기에 대한 일상 이야기로 첫 번째 포스팅을 했다. 경제 뉴스를 듣고 노트에 기록하고 있었는데, 블로그에 뉴스를 요약하고 투자에 대한 간단한 생각도 올리기 시작했다. 시키지 않은 아웃풋 독서도 노트 대신 블로그에 기록하며 익숙해지기 시작했다. 어떤 날은 세 편의 블로그 글을 발행하느라 점심도 거르고 어두워진 적도 있었다. 하지만 해냈다는 기쁨, 성취감은 무엇과도 바꿀 수 없었다.

이른 아침 블로그 글을 쓰다 엄마가 떠올라 울컥했다. 근처 납골당에 잠들어 있는 엄마한테 다녀오기로 했다. 떠난 지 벌써 6년이나 되었는데, 엄마를 마주하니 울음이 터져 나왔다. 소리 내 울었다. 그날따라 엄마의 부재가 왜 그렇게 서러웠는지 모르겠다. 돌아오는 길에 엄마와 어릴 때 찾았던 근처 해수욕장에 들렀다. 큰 건물이 들어서며 많이 변해 있었지만, 솔밭은 그대로고 엄마와 걷던 해변도 그대로다. 수평선 너머 엄마를 떠올리며 한참이나 앉아 있었다.

"엄마, 거기서 잘 지내죠?"

관광지에서 혼자 밥을 먹는 게 수월하지 않았다. 읍내에 있는 여중 동창이 간간이 음식을 살뜰하게 챙겨 주기도 하고, 간단하게 해 먹기도 했다. 혼자 식당에 들어가기는 눈치 보이고 불편했는데, 펜션 주인이 때때로 점심때 이곳저곳 맛집을 데려가 주었다. 근처 수목원을 방문해 함께 걸으며 많은 이야기를 나누기도 했다. 일대의 가장 잘되는 펜션을 운영하며 고생한 적 없을 것 같은 그녀였는데, 과거 굵직굵직한 시련의 역사가 있었다. 인생은 밖에서 보면 희극이고 안에서 보면 비극이라더니, 누구나 겉보기처럼 편하기만 한 사람은 없는 듯하다. 들여다보면 각자의 사연이 있다. 내 인생 또한 만만치 않았지만 이제 견뎌 낼 만하게 근력이 붙어 가고 있다. 책을 좋아한다기에 특별했던 책 몇 권을 선물로 주었다. 떠나오는 날에 진하게 끓여 낸 토종닭 백숙을 대접받았다. 그새 정이 들어 꼭 안아 주고 토닥이며 헤어졌다. 낯선 곳에서 삶을 나누고 응원하던 인연은 지금까지도 이어 오고 있다.

바닷가에서 보낸 한 달 동안 나에게 집중하며 치유와 회복의 시간을 가질 수 있었다. 혼자만의 고요 속에서 존재 자체로 소중한 나를 깨달았고, 충만함을 선물 받았다. 매일의 작은 루틴과 기록을 하며 자신을 돌보는 일이 얼마나 큰 기쁨인지 경험했다. '행복을 그리는 철학자'로 불리는 작가 앤드류 매튜스는 "당신은 다만 당신이라는 이유만으로 사랑과 존중받을 자격이 있다"고 말했다. 우리가 우리의 관심사에 집중하고, 우리 자신을 아끼고 보호하며, 자신을 우선순위에 두는 것을 두려워할 필요가 하나도 없다는 것이다. 나에게 집중하고 나를 더 아끼고 사랑하며, 나만의 방식으로 하루하루를 살아가는 삶, 이것이야말로 진정한 변화와 성장으로 이어지는 아웃풋의 삶이다.

## 3-4.

# 엄마라는 이름으로 시작된 나의 변화

다감

아웃풋의 시작은 육아를 잘하고 싶은 마음에서 비롯되었다. 지식과 경험이 부족했고, 육체적으로 지칠 때마다 감정을 조절하는 것이 쉽지 않았다. 어느 순간 육아에 대한 욕심보다 나를 알아 가는 게 먼저라는 생각이 들었다. 아이와 가정 너머 나 자신을 마주하고 싶어진 것이다. 내가 나를 궁금해하기 시작하다니, 처음에는 내 마음의 변화가 나조차 생소했다. 내가 누구인지, 내가 무엇을 좋아하는지, 내가 왜 사는지, 어떤 일에 심장이 뛰는지 다 안다고 생각했지만, 막상 들여다보니 나에 대해 아는 것이 하나도 없었다. 사춘기 때 했어야 할 고민들을 엄마가 되고 나서야 비로소 하게 됐다.

내게 그 첫 시작은 독서였다. 책 한 권도 제대로 본 적 없던 내가 책을 펼쳐 보려니, 읽어도 내용이 머릿속에 남지 않았다. 단한 줄도 기억나지 않는 책을 읽을 필요가 있을까 싶었다. 완독에 대한 강박 때문인가 싶어 끝까지 읽어야 한다는 마음을 내려놓았다. 그러자 책에 대한 부담감이 덜어졌다. 그날, 그 시간, 내게 다가오는 한 문장만으로 충분하다고 생각하며 읽기 시작했다. 책을 다 읽는 것보다 한 문장을 깊이 곱씹는 것이 더 의미 있었다. 읽었던 책을 한 번 더 읽게 될 때는 새로운 문장을 만나기도 했다. 그렇게 나를 단단하게 해 주는 문장들이 하나씩 차곡차곡 쌓여갔다. 책 한 권을 끝까지 읽는 것은 중요하지 않았다. 나에게 다가온 한 문장을 사색하며 내 것으로 소화하려고 노력했다. 아웃풋이 시작되는 순간이었다.

독서는 신문으로 확장되었고, 자연스럽게 경제와 투자에 관심이 생겼다. 처음 신문을 읽었을 때는 가볍게 헤드라인만 살펴보았다. 모르는 단어들이 봇물 터지듯 쏟아질 때는 주눅이 들었지만, 조금이라도 관심 있는 분야의 글이 나오면 꼼꼼히 읽기를 반복했다. 관심 가는 회사나 궁금한 뉴스들은 조금 더 찾아보기도 하고, 그 회사의 주식이나 ETF를 매수해 보기도 했다. 신문이 읽기 힘든 날은 듣는 뉴스로 대신하기도 했다. 요즘은 언제 어디서든 내가 원하는 시간에 영상으로도 뉴스를 접할 수 있으니 아이 등하교 시간, 차에서 이동하는 시간 등을 활용했다.

내 돈을 모으는 것도 좋았지만 아이 통장에 돈이 쌓여 갈 때 더 기분이 좋았다. 아이가 태어나자마자, 그 작은 아이를 업고서 은행으로 향했던 기억이 생생하다. 신문에서 아이들 펀드가 좋다는 기사를 보고 무작정 은행으로 갔다. 펀드를 은행에서 가입해야 한다고 생각할 만큼 아는 것이 하나도 없었다. 도장을 파고, 아이 통장을 개설했다. 내 손 위에 놓인 아이 통장을 보고만 있어도 심장이 뛰었다. 생일 용돈이나 세뱃돈 등은 아이의 연금저축펀드 계좌에 넣는다. 연금저축펀드 계좌는 연간 1,800만 원까지 납입할 수 있고, 아이가 취직한 후 부모가 증여한 금액에 대해 세액공제 혜택(연간 600만 원)을 받을 수 있는 장점이 있다. 당장 아이 손에 쥐어지는 돈은 아니지만, 아이의 노후까지 준비하는 부모가 되었다는 사실이 믿기지 않았다. 시간과 복리의 힘을 믿으며 오늘도 조금씩 씨앗을 심어 간다. 아이가 성인이 되었을 때 조금이라도 도움이 되는 종잣돈이 되기를 바란다.

엔화가 폭락했을 때는 모았던 수익금을 조금씩 환전을 해 두었다가 남편 출장길에 깜짝 선물로 주었다. 직접 번 돈으로 준비한 선물이라 의미 있는 순간이었다. 어쩌면 적은 돈이라고 실망했을 수도 있지만, 누군가와 비교하지 않고 내가 만족했다. 타인의 평가가 아니라 내가 의미를 부여하는 것이 더 값지고 가치 있다는 것을 깨달았다.

아이의 초등학교 입학은 또 다른 전환점이었다. 입학하기 직전에 이사했기에 우리 가족 모두 새로운 곳에서 시작하는 시간이었다. 익숙지 않은 공간에서 학교생활까지 시작하며 느낄 부담과 걱정을 덜어 주고 싶었다. 두 달간 매일 작은 편지를 써서 필통 속에 넣어 주었다. 아이에게 내가 전하고 싶은 마음은 간단했다. 평소에는 전하지 못했던 사랑한다는 말. 너를 믿는다는 말. 엄마는 언제나 네 곁에 있다는 마음들을 글로 눌러썼다. 가끔 삐뚤빼뚤한 글씨로 쓴 답장을 받기도 했다. 이 짧은 편지는 아이와 나를 이어 주는 다리가 되어 주었다. 새 학기가 시작되면 다시 시작해 보려 한다. 이 작은 편지들이 쌓여 아이에게 따뜻한 기억으로 남길 바란다.

나를 알아 가기 위해 독서에 더 시간을 들였고, 사이좋은 부모 자녀 관계가 되기 위해 노력했다. 나는 누구보다 내가 중요한 사람이었고, 가정의 화목함을 우선으로 하는 사람임을 알게 되었다. 아웃풋의 시작은 독서였지만, 결국은 나라는 사람을 알아 가는 과정이 되었다. 나와의 대화에 시간을 쏟고 나와 친해지려고 노력하는 시간을 가지면서 생각지도 못했던 일들에 도전했다.

직장 생활을 그만두고 컴퓨터를 쓸 일도 없었고, 사람들 앞에서 나를 드러내야 할 일도 없었다. 그런 내가 혼자서 PPT를 만들고 나의 이야기를 발표했다. 눈에 띄지 않게 먼지처럼 살고 싶었던 내가 어느새 사람들 앞에서도 내 이야기를 전달할 수 있을 만큼 성장해 나갔다. 내 생각을 글로 풀어쓰며 하루를 마감하는 것도 익숙해졌다. 한 줄만으로 충분했던 독서는 어느새 한 권을 씹어 삼키는 독서로 변모했다. 나랑은 다른 세상에 사는 이야기로만 생각되었던 AI에 관한 공부는 육아에도, 나의 투자에도 접목 할 수 있었다. 사회의 변화와 기술의 발전은 결국 내 삶과 밀접한 관련이 있는 것이었다.

아웃풋은 독서에만 그치지 않았다. 음악회에 연주자로 참석하면서 악기도 배웠다. 매일 연습하는 나를 보며 어제보다 조금씩 나은 사람이 되어 가고 있음을 알게 되었다. 새로운 도전을 누구보다 용기 있게 시작했고 끝까지 해내는 나를 보게 되었다.

아이와 함께 보내는 시간에는 양보다 질에 집중하기로 마음먹었다. 함께하는 시간은 '육아찐찐타임'이라 칭하고, 단 10분 일지라도 완벽하게 눈 마주치는 시간을 보내려고 노력했다. 공놀이, 보드게임, 블록 놀이, 그림 그리기, 만들기, 퍼즐 놀이 등 다양한 놀이를 시도했다. 아이와 상호 작용을 하는 시간이 많아지면서 내 아이가 좋아하는 것이 보이기 시작했다. 잠들기 전 함께 되뇌던 긍정 선언문은 어느새 나와 아이의 정체성이 되어 버렸다. 매주 주말에는 도서관을 다니고, 지치고 힘든 날에도 매일 빠지지 않고 잠자리 독서를 이어 가고 있다.

하루에 물 한 컵도 제대로 안 마시는 사람이 갑자기 하루 2리터를 마시겠다고 도전하지는 말자. 무리한 목표는 포기만 앞당길 뿐이다. 물 마시는 걸 특히 싫어하던 내가 선택한 방법은 단순했다. 아침에 일어나 영양제와 함께 한 잔, 자기 전에 한 잔. 딱 그 정도로 시작했다.

모든 시작은 이렇게 작고 실천 가능한 것에서 출발해야 한다. 처음에는 책 한 문장을 곱씹는 것에서 시작했지만, 어느새 책 한 권을 온전히 소화하는 사람이 되었다. 작은 편지가 시작이었지만, 어느새 아이와 더 깊이 교감하는 엄마가 되었다. 사소한 실천들을 우습게 보지 않았다. 크고 비장한 결심보다 내가 할 수 있는 작은 실천을 꾸준히 쌓아 나갔다. 성과가 눈에 보이지 않는다고 포기하지 않았다. 작은 변화를 쌓아 나간다면, 자신도 모르는 사이 더 큰 변화를 마주하게 될 것이다.

## 3-5.
# 나의 삶을 체계적으로 정리하는 도구들

박혜연

다행히 아이들은 집에서 통학할 수 있는 거리의 대학교에 입학했다. 통학 거리를 조금이라도 좁혀 보려는 고민이 깊어지면서 가족회의를 하게 되었다. 주말에만 집에 올라오는 남편은 금요일에 올라와 월요일 새벽에 첫차를 타고 내려가야 한다. 아이들과 남편을 고려해 교통이 편리한 곳으로 이사를 하기로 했다. 주중에는 나 혼자 지내는 시간이 많아져서 평수를 줄여 가기로 했다. 집을 둘러볼 때마다 넓은 평수에 맞게 장만한 짐들을 줄이는 것이 문제라는 것을 알게 되었다. 어떻게 줄일 것인지, 무엇을 버려야 하는지 고민하다 보니 조금은 예민해졌다. 이럴 때 어떤 방법으로 이 상황을 헤쳐 나갈지 생각이 많아졌다. 그동안 미션을 하면서 배우게 된 도구들을 떠올려 보았다. 특히 만다라트와 마인드맵, 미리캔버스 활용법이 가장 먼저 생각났다. 우리가 잘 알고 있는 야구선수 오타니 쇼헤이는 자신의 목표를 이루기 위해 만다라트를 활용했다는 이야기가 유명하다. 나도 이를 참고해서 이사 과정을 계획하기 시작했다. 이사, 평수, 줄여야 할 짐, 유지해야 할 물품, 새로 구입할 것, 비용 등을 항목별로 정리했다. 우선순위를 정하고, 아직 신경 쓰지 않아도 되는 부분을 구별했다. 그런 다음 마인드맵을 활용하여 내 역할, 남편이 해야 할 일, 아이들의 역할, 버려야 할 물건 등을 체계적으로 기록했다. 이후 집을 보러 다닐 때는 우리 가족에게 적합한 환경이 점점 명확하게 보이기 시작했다. 계획 없이 집을 볼 때는 구조와 교통만 신경 쓰게 되었지만, 마인드맵을 활용한 후에는 생활 환경이 우리에게 적합한지까지 고려할 수 있었다. 불필요한 짐을 줄이고 꼭 필요한 물건만 남기는 과정을 거치면서 내 소비 패턴도 돌아보게 되었다. 드디어 이사하는 날, 미리캔버스를 활용해 공간 배치를 설계했다. 단순히 가구를 배치하는 것이 아니라 각 공간을 효율적으로 활용할 수 있도록 전략을 세웠다. 거실은 최대한 개방감을 살리기 위해 불필요한 가구를 줄였다. 기존의 넓은 소파 대신 크기를 줄이고, 테이블도 최소한으로 배치해 여유로운 공간을 확보했다. 주방은 수납이 핵심이었다. 기존 주방 용품과 새로 구입한 수납장의 크기와 배치를 고려해, 선반별 활용 방안을 미리 정해 두었다. 덕분에 이사 후 바로 필요한 물건을 제자리에 배치하며 빠르게 정돈할 수 있었다. 침실은 가구 배치를 최소화하고, 개인적인 독서 공간을 마련해 온전히 나만의 시간을 보낼 수 있도록 했다. 아이들 방은 학습과 휴식 공간을 균형 있게 배치하는 것이 중요했다. 책상과 침대를 분리해 집중도를 높이고, 벽걸이 선반을 활용해 수납 공간을 최대한 효율적으로 구성했다. 이 모든 과정을 미리캔버스로 시뮬레이션한 덕분에 이사 후 혼란 없이 신속하게 마무리할 수 있었다. 미리캔버스를 활용한 공간 설계는 단순한 배치를 넘어 새로운 생활 방식을 준비하는 과정이었다. 만다라트와 마인드맵, 미리캔버스 같은 도구들은 복잡한 생각을 정리하는 데 큰 도움이 되었다. 이를 활용하면 선택의 폭을 좁히고 가족에게 진정으로 필요한 것이 무엇인지 명확하게 파악할 수 있게 된다. 도구를 사용할 줄 몰랐던 시절에는 아무런 계획 없이 마음에 드는 대로 추진했다. 그 결과 예상하지 못한 문제들이 발생했고 나중에는 후회로 이어지는 경우가 많았다. 준비 없이 시작한 일들은 비효율적으로 흘러갔고, 해결해야 할 문제들이 쌓여 갔다. 아웃풋을 실현할 수 있는 도구를 알게 된 것은 내 삶을 바꿀 중요한 기회였다. 사십 대 후반, 뒤늦게 시작한 자기 계발을 통해 몰랐던 것을 알아 가고 새로운 것들을 받아들이며, 변화에 적응해 나갔다. 도전하는 과정에서 두려움을 떨쳐 내는 것이 쉽지 않았고, 익숙하지 않은 방식에 적응하는 것도 어려웠다. 하지만 포기하지 않고 계속 나아가는 동안 나는 점점 더 넓은 세계로 이끌려 갔다. 스스로 계획형 인간이라고 생각하며 살아왔다. 하지만 만다라트와 마인드맵을 활용하면서 그동안 머리로만 계획하고 구체적인 실행 도구 없이 막연한 흐름 속에서 움직여 왔다는 것을 깨달았다. 해야 할 일을 단순히 머릿속에서 생각할 때와 시각적으로 도구를 활용해 구체화할 때는 큰 차이가 있었다. 이제는 작은 요소 하나도 놓치지 않고 체계적으로 생각할 힘을 갖게 되었다. 새로운 도구를 배우고 활용하는 과정에서 나는 더 나은 방향으로 변화하고 있었다. 2024년 3월, 새로운 근무지로 발령받았다. 근무 환경이 바뀐다는 것은 내면에 스트레스가 생기게 한다. 사람들의 성향은 어떨지, 맡게 될 업무는 어떤 것일지에 대한 것들을 생각하니 머리가 복잡해졌다. 기존 업무를 어떻게 정리하고 인수인계해야 할지도 고민이 많아졌다. 나는 다시 만다라트와 마인드맵을 활용해 보기로 했다. 먼저 스트레스를 줄이고, 내면을 다잡기 위해 긍정적인 태도, 시간 관리, 업무 마무리, 인간관계, 새로운 환경 적응 등에 대한 계획을 세웠다. 만다라트를 통해 머릿속 생각을 구체화하고 마인드맵을 활용해서 해야 할 업무를 분류해 나갔다. 인수인계해야 하는 사항들도 체계적으로 기록하여 후임자에게 전달했다. 후임자는 자료를 보며 감탄했고, 나도 효율적으로 전달할 수 있어서 만족스러웠다. 만다라트와 마인드맵의 활용 방법을 궁금해하는 후임자에게 알려 주긴 했지만, 짧은 시간에 다 알 수 없기에 어려워하는 모습도 보였다. 계속 사용하는 것을 습관으로 만들어 가기 위해 도구 활용도 훈련이 필요하다. 〈빛소영 아웃풋 스쿨〉에서 4년 동안 함께한 멤버들은 마인드맵을 매일 사용하는 것이 습관이 되어 있다. 이제는 일상에서도 자연스럽게 적용하여 시간 관리에도 활용하고 있다. 새로운 근무지에서 적응하는 데도 내가 적용해야 하는 것들을 미리 파악해서인지, 어려운 부분은 쉽게 해결할 수 있었다. 걱정이 많던 나의 내면도 다시 정돈되면서 긍정적인 시선으로 모든 것을 바라보게 되었다. 어디든 자신이 어떤 생각과 마음으로 보내는지에 따라 사람들을 대하는 생각과 시선이 달라진다. 이러한 마음을 갖는 것도 방법이 필요하다. 이럴 때 항상 만다라트와 마인드맵의 도움을 받는다. 퇴직 후의 삶에 대한 고민도 많아지고 있다. 어떤 방향으로 나아가야 할지, 어떤 일을 해야 할지에 대해 깊이 생각하게 된다. 하지만 이러한 고민조차도 마인드맵과 만다라트를 활용하면 해답을 찾을 수 있을 것이라는 확신이 든다. 아이들이 졸업하고 취업을 준비하는 과정에서도 우선순위를 정하는 것이 중요하다. 어떤 직장을 선택할 것인지, 어떤 역량을 키워야 할지에 대해 자신이 체계적인 방법을 알아 나가야 한다. 만다라트와 마인드맵을 사용하면 나에게 도움이 많이 되었듯이, 아이들에게도 많은 도움이 될 것이라 믿는다. 이 도구를 활용해서 자신에게 가장 적합한 길을 찾고, 새로운 가능성을 발견할 기회를 만들어 주고 싶다. 그만큼 만다라트와 마인드맵의 매력은 한계가 없다. 한계가 없는 이 도구들의 활용법을 더 많은 사람이 알아 갔으면 좋겠다.

삶은 크고 작은 변화와 선택의 연속이며, 우리는 매 순간 다양한 상황 속에서 방향을 잃지 않기 위해 노력해야 한다. 이럴 때 생각을 정리하는 도구가 있다면 길을 잃지 않고 한 걸음씩 나아갈 수 있다. 나는 이사를 준비하며 만다라트와 마인드맵, 미리캔버스를 활용하면서 짐을 줄이고, 꼭 필요한 것과 그렇지 않은 것을 명확하게 구분할 수 있었다. 무엇보다도 이사 과정에서 느낄 수 있는 막막함과 부담이 점점 줄어드는 것을 체감할 수 있었다. 새로운 근무지로 발령받았을 때도 이러한 도구들을 적극적으로 활용하여, 변화에 대한 두려움과 걱정 없이 수월하게 적응할 수 있었다. 업무 인수인계를 준비하는 과정에서도 마인드맵을 활용하여 중요한 내용을 전달함으로써 후임자가 업무를 더 쉽게 이해할 수 있도록 도움을 줄 수 있었다, 이러한 행동들은 단순한 계획이 아니라 삶의 방향을 잡는 과정이었다. 선택의 순간마다 무엇이 중요한지 판단하는 능력을 키우는 것이야말로 가장 큰 자산이다. 변화는 두렵지만 생각을 다듬고 방향을 잡아 가는 습관이 있다면 어떤 상황에서도 흔들리지 않고 나아갈 수 있다. 결국, 생각을 정리하는 것이 더 나은 삶을 만드는 첫걸음이라는 것을 깨닫게 되었다. 도구의 활용은 나의 삶에 변화와 성장을 일으켜 주는 아웃풋이 되었다.

## 3-6.

# 인생의 선율을 다시 쓰다

### 빛소영

아웃풋 스쿨을 만든 후, 예상치 못한 변화가 찾아왔다. 처음에는 그저 간단한 프로젝트라고 생각했다. 하지만 시간이 흐를수록 그 영향은 내 삶 전체로 퍼져 나갔다. 삶을 바라보는 시각, 사고방식, 감정을 다루는 방법 그리고 나 자신을 대하는 태도까지, 모든 것이 근본적으로 바뀌었다. 예전의 나는 모두가 나처럼 사는 줄 알았다. 끊임없이 배우고, 성장하며, 노력하는 것이 당연하다고 믿었다. '왜 더 나은 삶을 위해 노력하지 않을까?'라는 의문이 머릿속을 맴돌았다.

하지만 아웃풋 스쿨을 통해 다양한 사람들을 만나면서 생각이 바뀌었다. 세상에는 저마다의 방식과 속도가 있다는 걸 알게 되었다. 누군가는 빠르게 도약하고, 누군가는 천천히 자신만의 리듬으로 나아간다. 어떤 이는 꾸준함으로, 또 어떤 이는 단 한 번의 결단으로 삶을 바꾼다. 그리고 그 모든 과정은 각자에게 가장 적합한 방식으로 이루어진다. 그 과정에서 나는 나 자신을 더 깊이 이해하게 되었다. 이제는 남들과 비교하며 답을 찾지 않는다. 대신 나의 속도와 길, 나만의 방식에 더 집중하게 되었다. 나는 내 길을 가면 되고, 다른 사람들도 각자의 길을 가면 된다. 그렇게 생각하자 내가 나아갈 방향이 더욱 선명해졌다. 남을 바꾸려는 게 아니다. 스스로 자신의 속도와 방향을 찾게 돕는 것. 그것이 바로 아웃풋 스쿨의 본질이다. 이제 깨달았다. 변화는 강요가 아니라 스스로 자신만의 리듬을 찾는 데서 시작된다는 것을. 그 과정에서 나 또한 한 단계 더 성장했다.

　아웃풋 스쿨을 운영하며 가장 크게 바뀐 것은 성장을 바라보는 시각이었다. 늘 내면에 집중하며 나만의 경험과 강점을 살려 남들이 가지 않은 길을 개척해 왔다. 하지만 그 길을 걷는 동안 확신이 흔들릴 때도 있었고, 세상의 기준과 내 가치관 사이에서 고민하기도 했다. 그러나 참가자들이 자신만의 답을 찾아가는 모습을 지켜보며 깨달았다. 성장은 남들이 정해 놓은 틀 안에 갇히는 것이 아니라, 자신의 내면을 탐색하며 각자만의 방식으로 길을 만들어 가는 과정이라는 것을.

　그들이 고민하고 선택하며 작은 한 걸음을 내디디는 모습을 보며 나 또한 새로운 시각을 얻었다. 예전에는 외부의 평가에 신경을 쓰곤 했다. '내가 제대로 가고 있는 걸까? 이 방식이 맞는 걸까?'라는 질문들이 머릿속을 맴돌았다. 하지만 이제는 확신할 수 있다. 진정한 가치는 외부의 인정이 아니라 내면의 성찰과 꾸준한 성장에서 비롯된다는 것을. 그 깨우침은 나를 더 자유롭게 만들었다. 성장에 필요한 피드백은 겸허히 받아들이되, 불필요한 평가와 시선은 담담히 흘려보낼 수 있었다. 무엇보다, 남들과 비교하며 조급해하지 않게 되었다. 어제보다 조금 더 나아지는 것. 그리고 걸어가는 길 자체를 온전히 즐기는 것. 그것이야말로 진짜 성장이라는 것을 알게 되었다.

나는 완벽을 추구하는 피아니스트였다. 무대에 오르기 전, 같은 부분을 수백 번 반복하며 단 한 번의 실수도 용납하지 않았다. 이런 완벽주의는 삶의 모든 영역으로 퍼져 나갔다. 강의 준비도 예외는 아니었다. 모든 것이 완벽해야 한다는 강박에 사로잡혀 끝없는 리허설만 되풀이했다. 준비가 완벽하지 않으면 도전조차 하지 않으려 했다. 그러나 이제는 안다. 나를 성장시키는 건 완벽함이 아니라 도전이라는 것을. 준비가 덜 되었더라도 과감히 한 걸음 내디디면 그제야 새로운 가능성이 열린다. 실수를 두려워하지 않으니 더 많은 경험이 찾아왔다. 실패는 배움이 되었고, 그 배움은 나를 더 단단하게 만들었다. 완벽하지 않아도 괜찮았다. 중요한 건 멈추지 않고 앞으로 나아가는 용기였다.

아웃풋 스쿨은 5년째 운영되면서 단 한 번도 같은 방식으로 모집 글을 올린 적이 없고, 프로그램도 매번 새롭게 구성했다. 멤버들의 필요와 상황에 맞춰 유연하게 변화하고, 새로운 시도를 두려워하지 않게 되었다. 처음부터 완벽할 필요는 없었다. 중요한 건 실행하면서 경험을 통해 성장하는 것이었다. 이제는 작은 실수에 연연하지 않는다. 오히려 그 과정에서 얻을 수 있는 배움에 집중한다. 돌이켜 보니 '완벽해야 한다'는 강박 때문에 수많은 기회를 놓쳤다. 하지만 이제는 안다. 완벽하지 않아도 시작한다. 한 걸음씩 나아가는 그 과정이 곧 성장이니까.

다른 사람의 고민과 성장 과정을 지켜보면서 자연스레 나 자신에게도 깊은 질문을 던지게 되었다. 아이들을 낳은 후 나는 감정을 불필요하게 여겼다. 슬픔과 불안을 외면하며 감정을 억누르고 살아야 한다고 믿었다. 더는 감정을 드러내지 않고 굳건해야만 한다고 생각했다. 이제는 감정이 나를 이해하는 가장 소중한 신호라는 것을 깨달았다. 슬픔은 내가 소중히 여기는 것을 잃었다는 의미일 수 있고, 분노는 나의 경계가 침범당했다는 경고일지 모른다. 불안은 더 깊은 준비가 필요하다는 메시지다. 예전에는 이런 감정들을 약함으로 여겼지만, 이제는 다르다. 모든 감정을 있는 그대로 받아들이고 이해할 때 비로소 나 자신을 더 깊이 알게 된다. 힘들 땐 힘들다고 인정하고, 기쁠 땐 그 순간을 온전히 즐긴다. 울고 싶을 땐 눈물을 참지 않는다. 감정을 억누르지 않으니 마음이 더 단단해졌다.

성공이라는 목표를 향해 달리던 시절이 있었다. 아웃풋 스쿨을 만들기 전까지는 '성공'이라는 단어의 화려함에 사로잡혀 있었다. 프로그램을 운영하며 비로소 알게 됐다. 진정한 성공이란 남들이 정한 기준이 아니라, 자신이 만족할 수 있는 삶을 사는 것이었다. 단순히 프로그램을 운영하는 것이 아니라, 한 사람 한 사람의 내면을 단단하게 만들고 의미 있는 변화를 이끌어 내는 것. 그것이 본질이었다. 이런 깨달음은 내 목표마저 바꾸어 놓았다. 더 이상 숫자나 외적인 성과에 집착하지 않게 되었다. 멤버들이 자신의 무한한 가능성을 발견하고, 삶이 긍정적으로 변화하는 순간을 목격할 때 가장 큰 보람을 느낀다. 본질적인 가치가 명확해지자, 어려움이 닥쳐와도 흔들리지 않게 되었다. 오히려 사람들의 내면을 더 깊이 이해하고, 진심으로 다가갈 수 있게 되었다.

이제 나는 삶을 주체적으로 살아간다. 선택의 순간이 찾아올 때마다 내 안의 기준을 따를 수 있게 되었다. 삶은 더욱 견고해졌고, 예전보다 훨씬 더 행복하다. 사람들의 내면을 살리는 일이 내 사명이 되었다. 멤버들과의 깊은 교류 속에서 나는 그들의 진심을 마주했고, 그 열정과 노력이 나에게 새로운 힘이 되어 돌아왔다. 덕분에 나 역시 더 단단한 코치로 성장할 수 있었다. 멤버들이 서로를 진심으로 응원하고, 함께 힘을 모아 나아가는 모습을 보며 나도 그들의 용기에서 영감을 받아 더 큰 도전을 꿈꾸게 되었다. 혼자서는 결코 걸을 수 없었던 길도, 함께라면 두려움 없이 나아갈 수 있다는 것을 매일 경험하고 있다. 서로의 빛이 되어, 더 넓은 세상을 향해 한 걸음씩 나아가며 함께 만들어 가는 변화는 그 무엇보다 소중하고 의미 깊다. 확신한다. 함께라면 불가능은 없다.

지금, 새로운 시작 앞에 서 있다. 어제보다 한 걸음 더 나아갔고, 내일은 더 단단해질 것이다. 불안과 두려움은 자연스러운 감정이다. 새로운 도전 앞에서는 누구나 망설이기 마련이다. 하지만 잊지 말자. 진정한 변화는 남의 시선이 아니라, 스스로를 믿는 순간 시작된다. 실패는 끝이 아니다. 더 나아가기 위한 과정일 뿐이다.

지금, 바로 이 순간, 작은 도전을 시작해 보면 어떨까. 그 시작이 독서든, 운동이든, 오랫동안 미뤄 왔던 일이든 상관없다. 완벽하게 시작하려고 기다릴 필요도 없다. 중요한 건 앞으로 나아가는 용기다. 오늘의 작은 선택이 내일의 나를 바꾸고, 그 변화는 삶 전체를 바꿀지도 모른다.

당신은 이미 충분히 강하다. 실패와 실수 속에서도 다시 일어설 힘을 가지고 있다. 다만 그 사실을 잠시 잊고 있었을 뿐이다. 이제

더는 주저하지 않아도 된다. 잠들어 있던 가능성을 깨워 나만의 길을 걸어가자. 완벽하지 않아도 괜찮다. 천천히 나아가다 보면, 어느새 상상조차 하지 못했던 곳에 서 있게 될 것이다.

지금 이 순간이 바로 시작이다. 조금 더 용기를 내어 한 걸음을 내디뎌 보자. 반드시 해낼 수 있다. 그 가능성은 이미 당신 안에 있고, 이제 시작할 순간만 남았다.

# 3-7.
# 성장은 나로부터 시작된다

샤인영

아웃풋 스쿨에 참가하며 두 가지 원칙을 세웠다. 첫째, 하기 싫은 일을 하자. 둘째, 아이들과 함께 성장하자. 지정 도서를 읽으며 성장에 도움이 되는 문장들을 적어 집안 곳곳에 붙였다. 눈에 보일 때마다 되새기며 삶에 적용하려 했다. 가장 큰 변화는 나의 정체성을 명확하게 정의한 것이었다. '나는 주어진 환경에 감사하는 사람이다. 나는 어려움에도 도전하는 사람이다. 나는 날마다 성장하는 사람이다. 나는 위기를 기회로 만드는 개척자다. 나는 무엇이든 해낼 수 있다.' 아이들의 정체성도 정리해 냉장고에 붙였다. '나의 아이들은 소중하다. 멋지고, 사랑스럽다.' 육아가 힘들 때마다 이 문장을 보며 마음을 다잡았다. 정체성이 생기니 삶의 방향이 뚜렷해지고, 추진력이 붙었다.

2024년 1월부터 매일 아침 긍정 확언을 했다. 눈을 뜨고 이불을 정리한 뒤 화장실 거울을 보며 스스로에게 긍정적인 말을 건넸다. 거실로 나와 아이들을 안아 주며 그들도 함께 긍정 확언을 할 수 있도록 도왔다. 이 작은 습관은 하루를 기분 좋게 시작하는 힘이 되었다. 밤에도 아이들을 안아 주며 긍정 확언을 했다. 자기 전에는 마사지를 해 주고, 편안하게 잠들 수 있도록 도왔다. 예전에는 아이들이 잠든 후 맥주 한 잔과 함께 하루를 마무리했다. 이제는 책을 읽고 미션을 수행하며 하루를 끝낸다. 잠자리에 들 때는 나비 포옹을 하며 하루를 돌아보고, 나 자신에게 따뜻한 말을 건넨다.

아웃풋 스쿨에서 세 개의 프로그램에 참여하며 주 3회 줌 코칭을 받았다. 7살인 둘째는 엄마와 떨어지는 걸 어려워했다. 내가 공부방으로 들어가면 따라와서 울며 매달리곤 했다. 그러던 어느 날, 첫째가 동생의 손을 잡고 말했다.

"엄마가 공부하면 착해지잖아. 열심히 공부하세요."

그리고 조용히 방문을 닫아 주었다. 그 순간, 엄마가 변하면 아이들도 변한다는 사실을 배웠다. 내가 공부를 시작한 후, 아이들은 달라진 엄마의 모습을 보며 '우리 엄마가 달라졌다'고 이야기했다.

1년 전만 해도 줌 수업이 있는 날마다 울던 둘째는 이제 초등학교 입학을 앞두고 달라졌다. 어느 날, 함께 공부하자는 말에 둘째는 이렇게 답했다.

"엄마가 공부해야 착해지는데, 엄마가 공부 안 하면 예전처럼 화내는 엄마로 돌아갈까 봐 걱정돼요."

아이들은 누구보다 먼저 엄마의 변화를 먼저 알아봤다. 엄마가 성장하니, 아이들도 함께 성장했다. 내 성장이 아이들에게 긍정적인 영향을 미쳤다.

아웃풋 스쿨에 참가하기 전, 배우고 싶은 것만 배웠다. 익숙하고 편안한 것만 추구했다. 서울시교육청에서 진행한 학부모 리더 교육에서 가장 관심이 없던 '미래 교육 길잡이' 과정을 선택했다. AI와 미래 사회를 배우며, 교육 이후 ChatGPT와 미리캔버스를 유료 결제해 활용하기 시작했다. ChatGPT를 아이들과 함께 사용하며 질문의 중요성에 대해 이야기했고, 미리캔버스로 둘째의 생일 편지를 만들었다. 첫째에게는 직접 만든 PPT를 보여 주었다. 두 아이 모두 배우며 성장하는 엄마를 응원했다.

과거에는 큰아들에게 공부를 강요하고 성적으로 평가했다. 단원평가에서 100점을 받지 못하면 꾸짖었다. 아이의 성적을 통해 나의 존재를 확인받으려 했다. 그러나 이제는 미래의 불확실성을 깨닫고, 단기적인 성적보다 내면이 더 중요하다는 것을 알게 되었다. 더 이상 점수에 연연하지 않는다. 아이에게 최선을 다하라고 말하지만, 100점을 강요하지 않는다. 아이들이 살아갈 세상은 빠르게 변할 것이다. 나는 그 변화 속에서 멈추지 않고 배워야 한다. 아이들이 단단한 내면을 가지고, 미래에 대체 불가능한 사람이 되는 것. 그것이 내가 계속 배우는 이유다.

6개월 동안 아웃풋 스쿨 엄마들의 모임 프로그램에서 공부했다. 아이들 교육에 대한 내 시각이 완전히 바뀌었다. 예전에는 공부를 잘하는 것이 가장 중요하다고 생각했다. 하지만 진정으로 중요한 것은 자립적으로 성장하는 아이라는 사실을 실감했다. 아이들이 자립적으로 크기 위해서는 환경의 변화가 가장 중요한 요소라는 것도 배우고 이를 실천하기 시작했다. 아이들이 스스로 옷과 가방을 정리할 수 있도록 바구니를 마련했다. 전날 밤, 다음 날 입을 옷을 바구니에 준비해 두고 잠자리에 들도록 했다. 등하교 시 가방을 스스로 정리할 수 있도록 가방 보관용 바구니도 준비했다. 각자 먹은 그릇 정리, 청소, 분리수거 등 집안일도 아이들이 직접 하도록 했다. 작은 실천들이 쌓이면서 아이들은 점점 스스로 할 줄 아는 아이들로 성장해 갔다. 엄마의 배움이 곧 아이들의 성장으로 이어졌다. 결국, 아이들이 자립적인 태도를 기를 수 있도록 돕는 것이 부모로서 해야 할 가장 중요한 역할임을 깨달았다.

매일 아침 아이들에게 쪽지를 써 주었다. 아이들은 쪽지를 읽으며 하루를 시작했고, 직장과 대학원을 병행하느라 바쁜 남편에게도 쪽지를 건넸다. 예전에는 독박육아에 대한 불만이 쌓여 남편에게 말조차 하기 싫었다. 육아에 지쳐 쌓였던 서운함도 컸다. 아웃풋 스쿨을 통해 성장하며 내 자존감을 회복하자, 남편을 향한 감정도 자연스럽게 바뀌었다. 남편도 변했다. 대학원 졸업을 앞두고 '네 덕에 해낼 수 있었다'며 감사의 말을 전했다. 2025년 1월부터는 출근 전 가족을 위해 간단한 아침을 차려 놓기 시작했다. 바쁜 와중에도 가족을 챙기는 작은 변화가 생겼다. 남편이 바뀐 것은 단순한 우연이 아니었다. 내가 내면을 단단히 다졌기에 함께 변화할 수 있었다. 내가 변하자, 가족도 변했다. 성장은 결코 혼자만의 것이 아니다. 나의 변화는 주변을 변화시키고, 그 변화는 우리 모두를 더 나은 방향으로 이끌었다.

아인슈타인은 같은 방식으로 행동하면서 다른 결과를 기대하는 것은 미친 짓이라고 말했다. 성장은 지속적인 실천과 행동에서 나온다. 내가 어제보다 조금 더 나은 나로 변화하고 있다면, 그것이 바로 아웃풋의 과정이다. 책을 읽고, 삶에 적용하는 작은 노력이 쌓이면 어느 순간 변화는 자연스럽게 일어난다.

처음에는 나를 위해 성장한다고 생각했다. 하지만 내가 변하자, 가족도 변했다. 예전에는 불안과 짜증으로 가득했던 일상이 점점 평온해졌다. 내 단단함이 가족에게도 전해졌다. 아이들은 내 눈빛에서 더 많은 사랑을 느꼈고, 남편은 내 말에서 따뜻함을 발견했다. 나를 이해하고 받아들이자, 아이들의 실수에도 너그러워졌다. 사소한 일에도 화를 내던 내가 이제는 한 박자 쉬고 웃으며 넘길 수 있게 되었다. 그 변화를 아이들도 느꼈다. 나를 더 믿고 따랐고, 남편과의 관계도 한층 부드러워졌다. 작은 변화였지만, 그 영향은 컸다. 내가 성장하자 가족도 함께 성장했다. 그리고 이 변화는 앞으로도 계속될 것이다.

성장은 끝이 없다. 한 걸음을 내디딜 때마다 새로운 배움이 기다리고 있다. 변화는 어느 순간 찾아오는 것이 아니라, 매일 쌓아 가는 과정에서 자연스럽게 이루어진다. 꾸준히 배우고 실천하는 사람이 결국 더 나은 내일을 만들어 간다. 성장의 속도는 저마다 다를 수 있지만, 중요한 것은 멈추지 않는 것이다.

앞으로도 책을 읽고, 미션을 수행하며 삶에 적용할 것이다. 이 과정이 계속될수록 나는 더 단단해질 것이고, 우리 가족도 함께 성장할 것이다. 어제보다 조금 더 나은 나, 그것이 바로 아웃풋이다.

# 3-8.
# 나의 기본기를 무엇으로 채우는가
송진호

아웃풋의 기본은 독서다. 내 안이 채워져야 비로소 밖으로 꺼낼 수 있기 때문이다. 아무것도 없는 빈 마음에서 새로운 아이디어나 의미 있는 행동이 나올 수는 없다. 그렇기에 나보다 뛰어난 사람들의 생각과 삶의 철학을 배우는 것이 중요하다. 이를 위한 가장 효율적이면서도 쉽게 접근할 방법은 바로 독서다. 매번 듣는 뻔한 이야기 같지만, 결국 답은 이것뿐이다. 중요한 것은 꾸준함이다. 일단, 하루에 한쪽이라도 읽어야 한다.

아웃풋 모임에 참여하면서 독서는 단순한 정보 습득을 넘어 더욱 깊은 의미로 쓰인다. 지정 도서들은 대부분 뚜렷한 주제와 목적을 지니고 있다. 보도 섀퍼의『멘탈의 연금술』은 내면의 힘과 자존감을 키우는 데 도움을 주었고, 지아장의『거절당하기 연습』같은 책은 거절당하는 것이 두려운 나에게 행동으로 옮길 수 있는 실행력을 기르는 데 영향을 줬다. 지정 도서는 취미와 휴식을 위한 책뿐만 아니라 경제 지식을 쌓기 위한 부동산, 주식, ETF 관련 서

적까지 폭넓게 포함되어 있었다.

수많은 지정 도서 중, 가장 인상 깊게 읽은 책은 팀 페리스의 『타이탄의 도구들』이다. 이 책은 성공한 사람들의 습관과 전략을 집대성한 책으로, 나에게 딱 맞는 도구를 발견하게 해 주었다. 그중에서도 찬물 샤워와 명상은 지금도 실천하고 있을 만큼 커다란 영향을 주었다.

대학 시절, 나는 검도 동아리에서 주장으로 활동하며 열심히 운동했다. 검도는 몸을 격렬히 움직이는 운동이다 보니 매번 운동 후에는 땀에 흠뻑 젖곤 했다. 여름에는 샤워가 큰 문제가 되지 않았지만, 늦가을쯤 날씨가 차가워지면 이야기가 달라진다. 당시 샤워실에 온수가 나오지 않아 찬물로 샤워해야 했는데, 뜨거운 몸에 찬물을 끼얹으면 정신이 번쩍 든다. 추위에 몸을 떨기도 했지만, 그 후 느껴지는 짜릿한 각성과 쾌감이 좋았다. 『타이탄의 도구들』을 읽고 찬물 샤워의 효능을 알게 된 이후로 나는 매일 샤워 후 찬물로 마무리하고 있다. 겨울철에는 물이 너무 차가워 샤워 호스마저 뻑뻑해지지만, 그 차가움이 주는 상쾌함과 에너지는 단순히 몸을 씻는 행위를 넘어 나를 단단하게 만들어 주는 일종의 의식이 되었다.

명상 역시 『타이탄의 도구들』 덕분에 깊이 자리 잡게 된 습관 중 하나다. 처음에는 명상을 어떻게 해야 할지 몰라 눈을 감고 호흡만 고르며 시작했다. 그러다 유튜브에서 5분 명상 콘텐츠를 접하고, 온라인 명상 모임에도 참여하면서 점차 내 방식의 명상을 찾아갔다. 명상하며 깨달은 것은, 호흡만 잘해도 많은 것이 해결된다는 점이다. 김주환 작가의 『내면 소통』은 명상이 단순한 안정감을 넘어 삶의 근본적인 변화를 만들어 낼 수 있음을 알게 해 주었다.

이제 명상은 내 일상의 루틴이 되었다. 매일 출근 후, 나는 창밖을 바라보며 10분간 명상을 한다. 이 시간은 출근길에 쌓인 스트레스를 가라앉히고, 마음을 차분하게 정리하며, 머리를 맑게 해 준다. 명상은 단순한 정신적 안정뿐만 아니라 휴식과 피로 해소에도 큰 도움이 된다. 특히 '요가 니드라'라는 수면 명상은 깊은 이완을 도와 내 피로를 효과적으로 풀어 주었다.

내가 인생의 롤 모델로 삼은 사람 중 한 명이 스노우폭스의 회장 김승호다. 그의 책 『생각의 비밀』과 『알면서도 알지 못하는 것들』은 나의 사고방식과 삶의 태도에 이정표가 되어 주었다. 그가 강조한 한마디는 내 생각에 울림을 준다.

"어려움이 닥치거나 삶이 막막해질 때, 밖으로 나가 걸으라."

이 조언은 단순하면서도 강력한 힘을 가지고 있다. 쉬는 날이면 한 시간가량 나만의 산책 코스를 걸으며 생각에 잠긴다. 나는 이 시간을 '사색 걷기'라고 부른다. 익숙한 길을 걸으며 생각에 빠질 때도 있고, 때로는 새로운 길을 탐색도 해 본다. 신기하게도 걷다 보면 뜻밖의 깨달음이 찾아오는 일이 많다. 끌어당김 법칙에 대한 영상을 보고 이해가 가지 않았던 부분이, 걷는 동안 명쾌하게 풀렸던 적이 있었다. 이런 순간들이 사색 걷기의 매력이다.

김승호 회장은 사업에 실패하거나 인생에서 좌절을 맞닥뜨렸을 때도 '두꺼운 가슴과 단단한 다리를 가지고 있으면 다시 일어설 수 있다.'고 말했다. 몸이 건강하다면 실패하더라도 언제든 다시 시작할 수 있다는 뜻이다. 이 말도 내 생활 습관의 기준이 되었다. 나는 건강한 신체를 위해 꾸준하게 운동하고, 자신과의 대화를 위해 오늘도 걷는다.

　한때 미라클 모닝을 실천하며 아침 일찍 일어나는 습관을 들이려 했다. 아웃풋 프로그램 중에는 새벽에 줌 화면을 켜 놓고 책을 읽는 시간이 있었다. 나 역시 아침 시간을 의미 있게 활용하고 싶어 새벽에 억지로 일어나 책을 펼쳤다. 하지만 말 그대로 펼치기만 했을 뿐, 졸음이 쏟아져 내용은 도무지 눈에 들어오지 않았다. 그때의 나는 변하려는 의지가 가득했다. 그래도 아침 일찍 일어난다는 것 자체만으로도 만족감을 느꼈다. 늦게 잠들고 새벽에 일어나기를 반복하다 보니 생활 패턴이 흐트러졌다. 직장에서 졸음이 쏟아질 때면 점심시간을 이용해 15~30분 정도 낮잠을 자며 부족한 잠을 보충했다. 지금 돌아보면 무리한 선택이었지만, 그 경험 덕분에 빠르게 피로를 해소하는 방법을 터득할 수 있었다. 그리고 그 습관은 지금도 실생활에서 유용하게 활용되고 있다.

　2년 동안 미라클 모닝을 실천해 본 결과, 나는 야행성의 성향을 가진 사람이다. 이제는 무리하게 새벽에 일어나지 않고, 나만의 루틴으로 아침을 시작한다.

　잠에서 깨면 가장 먼저 커튼을 활짝 열고 "감사합니다."를 100번 외친다. 100번이라 하면 어렵고 시간이 오래 걸릴 것 같지만 빠르게 되뇌면 2분이면 충분하다. 이 간단한 루틴은 긍정적인 에너지를 채우는 가장 좋은 방법이다. 그다음 물 한 잔을 마시고 욕실로 간다. 거울 속의 나와 하이 파이브를 나누며 하루를 시작한다. 이 역시『타이탄의 도구들』에서 배운 습관이다.

출근길 지하철에서는 오디오 북을 듣거나 책 리뷰 유튜브 콘텐츠를 들으며 나만의 시간을 보낸다. 운이 좋아 자리에 앉을 수 있으면, 짧은 시간이더라도 꼭 책 10페이지는 읽으려 노력한다.

아웃풋 모임에 참여한 지 정확히 1년이 되던 해, 나는 '아시독'이라는 아웃풋 모임의 리더를 맡아 활동했다. 아시독은 '아웃풋 독서를 처음 시작하는 사람을 위한 프로젝트'다. 6개월이라는 짧은 기간 동안 운영했던 프로그램이었지만, 그 과정에서 이전에는 알지 못했던 많은 것들을 배울 수 있었다. 사람들이 참여하는 모임을 이끌고, 결과에 책임을 지며 성과를 만들어 내는 일은 결코 쉬운 일이 아니었다. 리더에게는 단순한 지식뿐만 아니라 깊이 있는 내공과 강한 정신력이 필요했다. 이 경험을 통해 나는 내 부족한 점을 깨닫는 동시에, 앞으로 성장할 가능성도 발견할 수 있었다.

그동안 아웃풋을 통해 깨달은 것은, 성장은 습관에서 비롯된다는 점이다. 책을 꾸준히 읽기, 사색하며 걷기, 감사의 말하기, 명상을 통해 마음을 다스리기 등. 모두 단순해 보이는 행동들이다. 이러한 실천이 꾸준히 쌓이면, 결국 삶을 완전히 바꿀 힘을 만들어 낸다. 삶의 변화를 꿈꾸는 이들에게 전하고 싶은 메시지는 간단하다.

"크고 멋진 결과는 작은 행동에서 시작된다."

# 3-9.

# 나만의 방식으로,
# 나만의 속도로 성장하는 법

정주연

아웃풋 스쿨에서 발견한 나의 장점은 나만의 방식을 만들어 가는 능력이다. 미션을 수행할 때 내게 맞는 방법으로 아웃풋을 시도했고, 긍정적인 평가를 받았다.

처음부터 의도한 건 아니었다. 시행착오를 거치며 더 나은 방식을 찾으려고 노력했다. 그 과정에서 자연스럽게 나만의 스타일이 만들어졌다. 나만의 방식을 만드는 과정은 쉽지 않았지만, 그 안에서 얻는 성취감은 무엇과도 바꿀 수 없었다.

예전에는 나만의 방식을 찾을 필요성조차 느끼지 못했다. 정해진 틀에 따르는 것이 당연했고, 내 의견을 내세우기보다는 남들의 기준에 맞추는 것이 옳다고 여겼다. 학교에선 군말 없이 선생님의 지시를 따랐고, 회사에서는 주어진 방침대로 일했다. 그게 정답처럼 느껴졌다.

특히 틀에서 벗어난 행동으로 불필요하게 주목을 받는 사람들을 보면 마음이 불편했다. 섣불리 행동해서 눈에 띄기보다는 안정된

틀 안에 머무르는 것이 현명하다고 판단했다. 자연스럽게 수동적인 태도가 몸에 배어 갔고, 그렇게 살다 보니 남이 만든 틀에서 벗어나는 것 자체가 점점 더 어려워졌다. 나도 모르게 스스로에 대한 한계를 설정하며 잠재력과 가능성을 제한하고 있었다.

아이를 키우며 육아에 정답이 없다는 걸 배웠다. 프랑스식으로 키우고 싶었지만, 현실은 전형적인 한국식 육아였다. 수면 교육을 하려고 아이를 밤새 울린 적이 있다. 며칠 동안 울음을 그치지 않은 아이를 보며, 끝까지 버텨야 하나 고민했다. 하지만 시간이 지나도 아이는 적응하지 못했고, 결국 아이도 나도 지쳐 버렸다. 그때 생각했다. 정해진 방식이 정답이 아닐 수도 있다는 것을 말이다.

강남에 살면서 자연스럽게 유명한 커리큘럼을 따라 아이를 키웠다. 하지만 우리 아이는 주입식 교육보다 자유롭게 배우는 걸 더 좋아했다. 앉아서 책을 읽는 대신 놀이를 통해 배울 때 더 즐거워했고, 스스로 배우고자 하는 의지도 강했다. 아이에게 맞는 환경을 찾아 국제학교로 옮긴 후, 아이가 매일 즐겁게 생활하는 모습을 보며 선택이 틀리지 않았음을 확신했다.

이처럼 아이에게 맞는 교육 방식이 있듯이, 나 또한 내게 맞는 삶의 방향이 있었을 거라는 생각이 든다. 그동안은 이런 고민을 해 본 적이 없었다.

하지만 아웃풋을 실천하면서 깨달았다. 원하는 삶을 살기 위해서는 남들이 옳다고 하는 길이 아니라, 나에게 맞는 길을 직접 찾아야 한다는 것을 말이다.

나만의 방식을 찾는 과정은 나의 프로그래밍 스타일을 만드는 것과 비슷했다. 프로그래밍을 처음 배울 때는 우수한 코드나 선배들의 작업을 참고하며 흉내 내기에 바쁘다. 하지만 경험이 쌓일수록 여러 방법을 시도하게 되고, 결국 자신에게 맞는 효율적인 코딩 스타일을 찾을 수 있다.

아웃풋 스쿨은 매달 새로운 과제를 준다. 기본 틀만 있을 뿐, 내용을 채우는 것은 각자의 몫이다. 책을 읽고 블로그를 쓰라는 미션이 주어지면, 기억에 남는 문장을 경험과 연결할 수도 있고, 내용을 요약할 수도 있다. AI로 이미지를 만들어 첨부해도 되고, 글로만 채워도 된다. 아웃풋의 방식에는 정답이 없었다.

처음엔 다른 사람의 결과물과 비교하며 내 부족함만 찾았다. 잘하는 사람의 것을 그대로 따라 하면 실력이 늘 거라 생각했다. 하지만 흉내 낸다고 내 것이 되지는 않았다. 각자의 내공과 속도에 맞춰 만들어진 결과물이기에, 단순한 모방으로는 온전히 내 것이 될 수 없었다.

아웃풋에선 형식보다 본질이 중요하다. 무엇을 하는지보다 왜 하는지가 핵심이다. 나만의 언어로 생각을 표현하고, 나만의 방식으로 행동해야 한다. 중요한 것은 형식에 맞추는 것이 아니라, 그 안에 나다움을 담는 것이다. 결과물이 완벽하지 않거나 만족하지 못할 수도 있다. 하지만 꾸준히 노력하다 보면 결국 나만의 스타일이 만들어지고, 그것이 곧 나의 강점이 된다. 이러한 생각은 경제 뉴스를 아웃풋 하는 과정에서 깨달았다.

평일 아침마다 경제 뉴스를 듣는다. 처음엔 뉴스의 모든 내용을 마인드맵에 정리했다. 쓸거리가 많아 컴퓨터를 사용했지만, 들고 다니기에 번거로웠다. 언제 어디서든 작성할 수 있는 나만의 노트도 마련해 보았지만, 필요한 정보를 찾기가 어려웠다. 결국 마인드맵에 중요 내용만 간결하게 정리하는 방식으로 바꿨다.

처음부터 완벽한 방법을 찾고 싶었지만, 애초에 불가능한 일이었다. 불필요하게 노트를 구매했고, 시간도 낭비했고, 마음에 들지 않는 결과물도 나왔다.

시행착오를 피할 수 없다. 그러나 그 과정에서 중요한 사실을 알게 되었다. 뉴스를 듣는 목적이 기사를 완벽하게 정리하는 것이 아니라, 경제의 흐름을 이해하고 핵심 내용을 내 것으로 만드는 데 있다는 것을 말이다.

이처럼 내게 맞는 방식을 찾아가는 과정에서 '이 일을 왜 하는가'를 다시 한번 떠올릴 수 있었다. 그리고 이러한 고민과 시도 자체가 나만의 아웃풋이라 생각한다.

나만의 아웃풋 방식을 찾는 노력은 일상에서도 이어졌다. 성공한 사람들 대부분이 새벽에 일어나, 책을 읽거나 운동한다고 했을 때, 성공하고 싶은 마음에 무작정 새벽 기상을 감행했다. 해 뜨기 전에 억지로 눈을 뜨면 온종일 피곤했다. 새벽 기상에 실패하면 그날 하루를 망친 기분이었다. 이제는 무작정 새벽에 일어나지 않는다. 대신 깨어 있는 시간을 밀도 있게 사용한다. 몇 시에 일어나느냐가 아니라 나에게 맞게 어떻게 하루를 보내느냐가 중요했다.

운동도 마찬가지다. 남들이 하는 요가나 러닝이 아닌, 내 생활 패턴에 맞는 운동을 찾았다. 계단 오르기, 스쿼트, 홈트레이닝을 한다. 체중 감량이 아니라 건강 유지를 목표로 꾸준히 한다. 운동의 본질이 건강이라서 꾸준히 할 수 있었고, 단순한 습관을 넘어 내 삶의 일부가 되었다.

물론 매일 실천하는 것은 쉽지 않다. 컨디션이 좋지 않은 날도 있고, 의욕이 나지 않는 순간도 있다. 그러나 완벽함을 추구하기보다 끝까지 해냈다는 것에 의미를 두면 꾸준히 이어 갈 수 있다. 운동하기 힘든 날에는 동작이 정확하지 않아도 끝까지 따라하며, 지속하는 힘을 기른다.

꾸준함을 유지하기 위해서는 남과 비교하는 습관을 멀리해야 한다. 나 역시 비교를 하면 더 잘할 수 있다고 생각했지만, 실제로는 의지가 꺾이는 일이 더 많았다. 학창 시절에 엄마가 옆집 친구와 비교하며 공부하라고 하면 공부하기 싫어지듯 말이다. 남과의 비교는 나를 성장시키는 것이 아니라, 불안을 키우고 자신감을 무너뜨린다.

진정한 동기 부여는 남이 아니라 과거의 나에게서 찾아야 한다. 어제보다 나아진 점, 이전보다 발전한 부분을 살펴보는 것이 꾸준히 성장하는 원동력이 되어야 한다. 이때 기록이 큰 도움이 된다.

나는 기록을 이용해 성장의 지표를 확인한다. 운동 후 인증 사진을 찍으며 지금까지의 노력을 되새기고 다시 도전할 힘을 얻는다. 아웃풋도 다르지 않다. 글, 사진, 어떤 형태든 기록이 있어야 변화와 노력을 눈으로 확인할 수 있다. 노력의 흔적을 시각화하면, 앞으로 나아갈 힘이 생긴다.

기록은 단순한 메모가 아니다. 나의 성장 과정이 쌓이는 증거이며, 결과가 눈에 보이지 않을 때 불안을 줄여 주고 나아갈 방향을 찾게 해 주는 길잡이다. 기록이 중요한 이유는 나만의 속도를 따라가도록 도와주기 때문이다.

니체는 "각자 자신만의 길이 있다"고 했다. 내 인생의 주인공은 나다. 부모님도, 남편도, 친구도 나 대신 살아 줄 수 없다. 남이 정해 준 길이 아닌, 자신의 길을 스스로 개척해야 한다. 그 과정에서 배운 것들이 내 삶을 풍성하게 만든다. 시행착오를 거치며 만들어 가는 나의 미래는 느릴 순 있어도 단단하게 빛날 것이다. 나만의 방식으로 도전하고 나만의 속도대로 성장하는 것. 그것이 진정한 의미의 아웃풋이다.

# 3-10.

# 나를 바꾼 작은 실천들

최유라

변화하고 성장할 수 있었던 이유 중 하나는 좋은 시스템 안에 있었기 때문이다. 물론 혼자서도 충분히 성장하고 변할 수 있지만, 시스템 속에서 자연스럽게 흐름을 따라가니 방향을 잃지 않았다. 책을 읽고 아웃풋 미션을 실행하는 것, 회원들과 줌 미팅으로 서로의 생각과 의견을 나누는 일이 별일 아닌 것처럼 느껴질 수도 있다. 그러나 의견을 발표하고 토론하는 과정을 통해 말을 조리 있게 전달하는 힘이 자연스럽게 키워졌다. 다양한 의견을 듣고 말하는 과정에서 감정과 생각이 점점 확장되었다. 또 함께라는 연대감을 느낄 수 있었다. 모두의 의견은 존중받았고, 누구도 타인과 비교되지 않았다. 구성원 한 명 한 명이 각자의 색으로 빛나는 무지개 같았다. 존재 자체만으로도 소중한 사람이라는 사실을 끊임없이 일깨워 주는 공간 속에서 나는 변할 수 있었다. 서로의 목표는 다를지라도 성장과 성공이라는 같은 방향을 향하고 있었기에 더큰 힘을 받을 수 있었다. 안 좋은 일이 생기면 서로 위로했고, 좋은 일이 생기면 시샘하거나 질투하지 않고 진심으로 축하했다. 혼자였다면 쉽게 포기했을 일도 서로의 응원과 격려 덕분에 끝까지 이어 갈 수 있었다. 우리는 서로에게 좋은 영향을 주며 끈끈한 우정을 쌓아 갔다. 비록 다른 지역에 살지만 매주 1~2번씩 줌(Zoom)에서 만나니 친척보다 더 가까운 사이처럼 느껴졌다. 믿을 수 있고 진심으로 서로를 응원해 주는 곳에 속하는 것은 내 삶에 따뜻한 위로와 큰 의미가 되었다.

어떤 말을 들을 때 떠오르는 생각들을 되짚어 보면, 내 머릿속에 부정적인 회로가 깊이 자리 잡고 있는 것 같다. 상대의 말에서 숨은 의미를 찾으려 했고, 그 의도를 부정적으로 단정 짓는 경우도 많았다. 혼자 오해하고 속으로 끙끙 앓았다. 상대의 말을 있는 그대로 받아들이는 연습을 의식적으로 시작했다. 말은 그대로 받아들이고, 모든 상황을 긍정적으로 해석하자고 결심했다. 좋아하는 문구 몇 개를 포스트잇에 적어 화장대, 책상, 냉장고에 붙여 두었다. 그중 가장 눈에 띄게 적은 것은 분홍색 하트 모양 포스트잇에 적힌 '긍정' 두 글자였다. 부정적인 단어를 입 밖으로 꺼내지 말자고 다짐했다. 상대방의 말은 무조건 긍정적으로 해석하자고 마음먹었다. 하지만 말처럼 쉬운 일은 아니었다. 때로는 내 일이 아닌 것처럼 생각하기도 했다. 긍정적인 사람이라면 어떻게 했을지 상상해 보았다. 그렇게 생각하면 상황을 더 객관적으로 바라볼 수 있었다. 부정적 생각이 많이 들 때면, 친구가 해 준 말을 떠올린다.

"긍정적인 생각, 행복한 생각만 하면서 살아도 세상은 힘들고, 인생은 짧아. 그러니 우리 무조건 긍정적이고 행복한 생각만 하면서 살아 보자. 그렇게 하다 보면 인생이 훨씬 풍요로워질 거야."

이 말을 늘 되새기며, 어떤 상황에서든 긍정적으로 생각해 보려 노력한다. 부정적인 생각으로 소중한 시간을 흘려보냈던 지난날을 보상하듯, 앞으로는 좋은 말과 행복한 상상을 많이 하며 살아가고 싶다.

아웃풋 독서 모임에서 다이어트 관련 책을 읽을 때였다. 각자 조금은 힘들고 어려운 목표를 정하여 실천하며 인증하기로 했다. 자신의 식단을 점검해 볼 수 있는 좋은 기회였고, 몸에 좋지 않은 음식이나 습관과 이별했다. 식품영양학을 전공한 나는 멤버들이 올린 식단에 댓글 달기, 건강 간식 추천, 채소 쉽게 먹는 방법 등을 알려 주었다. 누군가를 도울 수 있는 것이 기뻤다. 전공자는 더 잘 해야 할 것 같아서 나도 열심히 목표를 지켰다. 커피, 과자, 술, 탄수화물도 끊어 보았다. 식품을 끊었을 때 주차별로 달라지는 감정을 느끼며 몸 상태를 관찰했다. 이 경험을 통해 '식단을 잘 지킬 수 있는 사람'이라는 정체성을 확립했다. 약속이 있으면 건강식과 어울리지 않는 음식들을 먹어야 하는 날이 생긴다. 예전의 나라면 내가 세운 식단의 목표가 무너지는 것 같아 속상했지만, 맛있는 음식을 충분히 즐기고, 다음날 다시 원래의 식단으로 돌아간다. 어제 먹었으니, 오늘은 당연히 덜 먹고 더 운동하면 된다는 생각이 자연스럽다. 지난날의 다이어트가 살을 빼야 한다는 강박이 먼저였다면 지금은 소중한 몸을 오래도록 건강하게 지키기 위함이라 스트레스가 적다. 내면이 단단해지니 나의 외모가 싫지 않다. 오히려 모든 부분이 소중하고 감사하게 느껴진다. 당연히 받아서 감사함을 몰랐던 나였다. 거울을 볼 때면 늘 떠올랐던 '허벅지가 굵다, 뚱뚱하다, 살 빼야 한다'와 같은 부정적인 생각이 자연스럽게 사라졌다. 있는 그대로의 나를 인정하니 내가 좋다. 지금 건강을 위해 노력하는 부분은 점심 식후 20분 이상 산책하기, 매일 덤벨 운동 및 스트레칭, 턱걸이 시도다. 방문 사이에 설치된 턱걸이에 매달려 올라가기 위해 아등바등 힘쓰는 나의 모습이 대견하다. 지금은 턱걸이 1개도 못 하는 나지만 날마다 꾸준히 하다 보면 언젠가 1개는 성공하는 날이 올 것이라 믿는다.

　반드시 배워야 한다고 생각하는 분야 중 하나는 경제 분야지만, 턱걸이만큼 항상 어렵게 느껴진다. 신문을 보면 시대의 흐름을 알 수 있기에 도움이 된다는 말은 많이 들었지만, 한자와 경제 용어로 인해 어렵게만 느껴졌다. 아웃풋 스쿨에서 경제 분야 책도 읽고 뉴스도 매일 들었다. 읽기 싫어도 읽어야 하고 듣기 싫어도 경제 뉴스를 날마다 접하다 보니 낯섦과 거부감이 사라졌다. 처음 들었던 용어가 반복해서 나온 날은 반갑다. 하기 싫다는 마음보다 알고 싶다는 생각이 강하게 들어 관련 기사를 더 찾아보게 되었다. 과거의 나는 어려워 보이는 것들은 애초에 시도하지 않았었다. 해봤자 잘할 수 없을 거라고 생각하고 먼저 단념했다. 여전히 처음 접해 보는 것들은 두려움과 어려움을 느끼지만, 하다 보면 잘할 수 있을 거라는 믿음이 생겼다. 반복적 학습이 주는 효과를 알게 된 것이다. 처음부터 완벽하게 잘하려고 할 필요도 없다. 나만 모르는 것 같은 기분이 들어도 어려운 분야는 다 같이 어려워한다는 것을 알게 되었다. 전문가의 강의가 많고, 무료이지만 질 좋은 강의도 넘쳐난다. 나를 도와줄 요소들은 충분하다. 지금의 나이라면 어느 정도 경제적 여유도 있고, 무엇이든 알고 있어야 한다는 강박도 내려놓았다. 모르는 것을 인정하고 나의 수준에서 하나씩 배워

가려 하니 오히려 스트레스가 줄었다. 지식과 노하우는 하루아침에 쌓이지 않는다. 새롭게 도전하는 분야는 포기하지 않고 반복하면 된다.

매일 밤, 친한 동생에게서 사진 한 장이 도착한다. 하루 동안 감사했던 일, 작은 성공 그리고 자신을 칭찬하는 글이 담긴 일기 사진이다. 나도 다이어리에 적은 일기를 사진으로 찍어 동생에게 보낸다. 나를 변화시킨 것 중 하나가 바로 감사 일기다. 부정적인 생각에 빠질 때마다 감사 일기가 나를 붙잡아 주었다. 하루가 짜증과 분노로 가득했던 날에도 꼭 하나는 감사할 일을 찾으려고 애썼다. 아무리 사소한 것이라도 찾고 나면 마음이 한결 가벼워졌다. 때로는 부정적 감정으로 하루를 망친 나 자신을 반성하며 더 나아지고 싶다는 다짐도 하게 됐다. 직장을 그만두고 공무원 시험을 준비하는 친한 동생에게도 이 습관을 권했다. 나의 조언과 감사 일기의 힘으로 동생은 조금씩 변했다. 백수라는 초라함에 빠져 있던 자존감이 서서히 회복되었다. 가끔은 예전에 전화 코칭에서 들었던 말을 동생에게 똑같이 전해 주기도 했다. 그럴 때면 내 삶을 다시 돌아보게 되는 계기가 되었다. 배운 것을 삶에 직접 적용하며 작은 변화를 만들어 가는 나 자신이 뿌듯했다. 좋은 것을 추천하고, 그것을 상대가 좋아할 때 느끼는 '주는 기쁨'도 배웠다. 좋은 책이나 영상, 유익한 정보 등 좋은 것은 늘 함께 나누고 싶다. 나누면 잃는 것이 아니라 더 많은 것이 나에게 되돌아온다는 걸 알게 됐다. 받는 기쁨보다 주는 기쁨이 더 크다는 것, 내가 얻은 큰 깨달음이다.

작은 실천이 얼마나 큰 변화를 만들어 내는지 경험했다. 처음부터 거창하거나 완벽할 필요는 없었다. 작은 다짐 하나, 작은 습관 하나가 나를 조금씩 변화시켰다. 힘든 순간마다 감사한 일 하나를 찾으려 애썼고, 부정적인 생각을 긍정으로 바꿔 보려 노력했다. 물론 쉬운 일은 아니었다. 포기하고 싶을 때도 많았다. 혼자였다면 쉽게 멈췄을지도 모른다. 하지만 '함께'라는 울타리 안에서 나는 성장할 수 있었다. 작은 성공을 나누고, 서로의 이야기에 귀 기울였다. 하루가 조금씩 더 단단해졌고, 나를 좋아하는 마음이 생겼다. 나를 소중히 여기는 법도 배웠다. 가끔은 흔들리고 넘어졌지만, 다시 일어설 수 있는 힘이 생겼다.

나의 성장을 위해 가장 필요한 것이 무엇인지 생각해 보는 것은 중요하다. 반대로, 지속적으로 하고 있지만 실제로는 나에게 도움이 되지 않는 일 혹은 인간관계에 많은 에너지를 쓰고 있는 것은 아닌지도 점검해 보아야 한다. 성장은 단 한 가지 요인으로 이루어지지 않는다. 변하고 싶은 부분이나 부족한 부분이 무엇인지 살펴보고, 이를 보완할 수 있는 요소를 내 삶에 적극적으로 적용하다 보면 조금씩 변해 가는 자신을 발견하게 된다. 모든 변화는 작은 실천에서 시작되고, 그 실천이 모여 삶을 더욱 풍요롭게 만든다.

# 4장

## 내 안에 잠들어 있는 힘을 깨우다

# 4-1.
# 내면, 다시 일어서는 힘

강단교

　창고를 정리하다가 대학 다닐 때 쓰던 다이어리를 발견했다. 한 장 한 장 넘겨 보니 꿈과 목표, 계획들이 빼곡하게 적혀 있었다. 넉넉지 않은 환경이었지만 꿈이 있었고, 희망도 있었다. 잊고 살았다. 소심하고 내성적이라 아무것도 이루지 못한 사람으로만 나 자신을 기억했다. 부정적인 생각이 시작되면 꼬리에 꼬리를 물고 이어져 내가 가진 긍정적인 모습들마저 조금씩 갉아먹고 있었던 것 같다.

　강점이 내 삶에 어떤 영향을 주는지 5분 스피치를 준비한 적 있다. 잘했던 일이나 좋은 기억들은 도무지 떠오르지 않았다. 사진첩을 한참 뒤적거리고 나서야 겨우 기억해 낼 수 있었다.

　시골로 들어왔을 때 야무진 꿈이 있었다. 오랫동안 사람 손이 닿지 않아 풀밭이 된 분지. 겹겹이 산으로 둘러싸인 풍경을 나만 보기 아까웠다. 꽃을 심고, 축제도 열어 사람들이 많이 찾는 곳으로 만들겠다고 결심했다. 그렇게 하겠다고 여기저기 말하고 다녔다.

경지 정리에만 꼬박 2년 걸렸다. 4,500평의 땅에 차를 만드는 국화, 구절초, 울릉도 부지깽이, 벌개미취 같은 꽃모종을 심었다. 고춧대 두 개에 줄을 묶어 밭 양쪽에 꽂고 줄 맞춰 가며 심었다. 사람들이 들어가 사진 찍을 수 있도록 중간중간 간격을 넓게 남겼다. 이른 봄부터 시작해 한여름이 되어서야 다 심을 수 있었다. 몸은 힘들었지만 심는 내내 씁쓸하면서도 달콤한 풀 내음에 기분 좋았다. 한숨 돌리고 들국화 축제를 준비했다. 그동안 농업인 교육을 받으며 친해진 사람들에게 농산물 판매장을 부탁했다. 숲해설가 교육을 함께 받은 분들에게는 들국화를 활용해 손수건 만드는 체험 행사를 맡겼다. 평소 말 잘하는 지인에게 사회를 봐 달라며 졸랐다. 인맥을 총동원해 음악회도 준비했다. 차 만드는 국화, 감국을 따오면 차로 만들어 가져갈 수 있는 행사도 준비했다. 대접할 축제 음식 장만까지. 그럴싸한 축제 모습이 갖춰졌다. 행사 계획, 홍보물 제작, 블로그 홍보 글쓰기까지 주변의 도움을 받기도 하며 필요한 일은 닥치는 대로 해냈다.

기억을 떠올리고 나니 '내가 이런 사람이었구나!' 그제야 깨달았다. 좋았던 모습마저 힘든 기억들과 함께 묻어 버리고 의기소침한 채 살고 있었다.

10년 전, 동생이 경양식 레스토랑을 운영하고 싶다고 했다. 장사 잘되는 가게가 나왔다고 했다. 민박이 곧 바빠지니 오픈 전까지만 도와주기로 했다. 청소하고 몇 가지만 손보면 큰돈 들이지 않아도 될 것 같았다. 쓸고 닦고 살릴 수 있는 것들은 최대한 살렸다. 낡은 문짝에 깔끔하게 시트지도 붙여 줬다. 전기나 전문가가 꼭 필요한 부분을 제외하곤 대부분 내 손을 거쳤다. 민박을 운영하며 간단한 집수리는 직접 해 왔기 때문에 그런 쪽은 자신 있었다.

어릴 때부터 요리에 관심이 많았다. 초등학교 다닐 때 주방 한편에 꽂혀 있던 요리책은 엄마보다 더 자주 봤다. 책 속에 있는 예쁜 디저트, 먹음직스러운 음식들은 보기만 해도 기분 좋았다.

요리책 세 권을 사와 참고하며 레시피를 만들었다. 돈가스와 함박스테이크는 기존 레시피의 단점만 보완했고, 소스는 새로 개발했다. 만드는 법을 적은 수첩을 동생에게 건네고, 내 할 일은 끝이라 생각했다. 홀가분한 마음으로 집으로 돌아왔다.

두 달 정도 지났을 때, 동생이 도저히 못 하겠다고 했다. 엄마와 나, 둘 중 한 명은 민박을 운영해야 하니 음식 만드는 법을 아는 내가 레스토랑으로 가기로 했다. 첫 출근 날이 하필 개천절이다. 오픈하기 전부터 주차장에 차들이 들어찼다. 주문이 밀리기 시작했고, 1시간 넘게 기다리던 손님들이 음식 언제 나오냐며 불평하는 소리가 주방까지 들렸다. 울어 대는 알람에 정신없이 뛰어다니며 볶고, 튀기고, 굽고. 튀기다 볶고, 굽다 설거지했다. 땀과 기름 냄새가 뒤섞인 옷을 갈아입을 기력조차 없었다. 텅 빈 가게에 주저앉아 멍하니 창밖을 바라보던 그날이 아직도 생생하다. 입소문이 나고 손님이 많아져, 좋은 조건에 가게를 넘기고 집으로 돌아올 수 있었다.

강점 진단을 했다. 첫 번째 강점이 '책임'으로 나왔다. 달갑지 않았다. 서른 살 이후, 내게 책임감은 양날의 검과 같았다. 책임감 덕에 잘 해낸 것들도 많았지만, 그 때문에 하기 싫은 일을 맡게 되는 경우도 종종 있었다.

강점 진단에서 말하는 '책임' 테마의 강점은 다음과 같았다 '①

맡은 일을 수행하고 신뢰를 받는 사람으로 성장한다.', '② 결과를 끝까지 이끌고 자기 주도적으로 일을 관리 할 수 있는 능력이 있다.', '③ 책임감 있는 태도로 팀 내에서 신뢰를 쌓으며 이를 바탕으로 리더십을 발휘한다.'

주의해야 할 사항도 있었다. '① 때론 과도한 책임감을 느껴 업무가 과중해질 수 있다.', '② 모든 일을 완벽하게 처리하는 경향이 있어 세부 사항에 지나치게 집중하다 보면, 오히려 일의 효율이 떨어질 위험이 있다.', '③ 혼자 해결하려는 성향이 강해 팀워크가 약해질 수 있다.', '④ 리더십 과부하로 다른 사람에게 업무를 위임하는 데 어려움을 겪을 수 있다.'

주의할 점을 읽다가 어쩜 이리 나를 잘 아는지, 점쟁이 같다며 손뼉 쳤다. 딱 나였다. 일을 다른 사람에게 맡기면 제대로 처리되지 않을 것 같아, 결국 혼자 해야 직성이 풀렸다. 실수를 받아들이지 못하는 완벽주의 덕에 시작이 굼떴다. 완벽하게 준비되어야 시작할 수 있다고 믿었다. 작은 일이라도 어긋나면 세세한 부분에 발목 잡혀 완성하기까지 많은 시간과 에너지를 쏟아야 했다.

시작에 대한 두려움의 원인을 파악하고 눈높이를 낮췄다. 부족하더라도 점점 나아지는 과정에 초점을 맞췄다. 완벽이란 결점 없는 상태가 아니라, 상황에 맞는 최적의 결과라고 새롭게 정의했다. 작은 시도를 반복하며 맷집을 키워 갔다. 디지털 마인드맵, 미리캔버스, 영상 편집, AI를 배우고 실습했다. 꾸준히 사용할 수밖에 없는 과제들을 통해 자연스럽게 일상생활에 적용해 나갔다. ChatGPT를 활용한 문서 작성, 중국어 학습, 주식 분석, 이미지 편집까지. 컴맹이었던 내가, 나에게 필요한 맞춤형 챗봇까지 만들고 있다.

보이는 성과만 쫓을 때가 있었다. 누구는 이렇게 성과가 빠른데 나는 왜 이럴까. 나는 왜 이렇게 빨리 포기할까. 나도 잘하고 싶은데. 왜 실행하지 못할까. 자책하는 순간들이 많았다. 빨리 잘하고 싶은 마음이 앞섰다. 우르르 끓어오르는 과한 열정에는 지속하는 힘이 없었다. 해내지 못하니 점점 마음에서 멀어져 포기하는 일도 잦았다.

차곡차곡 쌓아 온 경험과 시간이 만들어 낸 내면이라는 바다 위에 외적 성장이라는 배를 띄워야 한다. 내면의 단단함은 하루아침에 만들어지지 않는다. 내면이 단단해야 포기하지 않고 지속할 힘이 생긴다.

부끄럽고 잊어버리고만 싶었던 환경, 좌절 실패의 순간들. 그 경험들은 숨기려고 하면 할수록 더 크게 느껴졌다. 똑바로 마주하고 있는 그대로 받아들이며 나의 일부로 인정하니, 그 힘들었던 순간들이 살아가는 원동력이 되어 주었다. 나를 알아 가는 단서가 되었고, 한 걸음 나아갈 수 있는 발판이 되어 주었다. 평범하지 않았던 경험들이 나를 개성 있고 특별한 사람으로 만들어 주었다는 생각이 들었다. 우여곡절 많았던 내 삶에 오히려 감사하게 되었다.

자신의 진짜 모습을 인정할 때, 실패나 결점에 얽매이지 않고 새로운 도전과 기회를 자연스럽게 받아들일 수 있다. '① 자신의 감정을 있는 그대로 느끼며 관찰하기', '② 자기비판 대신 자신을 이해하기', '③ 작은 성취와 성공을 인정하며 축하하기', '④ 완벽하지 않아도 나 자신을 존중하기'. 이 네 가지는 자기수용 능력을 키우는 핵심이다. 단단한 내면을 만드는 기본이다. 외부의 변화나 환경에 흔들리지 않고, 어떤 어려움에도 무너지지 않는 강한 내면이 뒷받침될 때 비로소 원하는 아웃풋을 만들어 낼 수 있다.

# 4-2.
# 매일 꾸준히
김은진

"넌 왜 이것밖에 못 해?"

"아니, 그게 아니라 네 잘못이야."

"네 책임이야."

이런 말을 들었을 때, 대부분 방어 기제가 나온다. 왜 내 탓인데? 너는? 잘못 없는 줄 알아? 억울함과 분노가 쌓이고, 그러다 싸움이 된다. 관계는 끊어지고 남는 건 상처뿐이다. 가정에서도, 회사에서도 관계를 맺고 살아가는 과정에서는 이런 일들이 많다. 책임을 묻는 것이 아니라 문제 해결 방법을 먼저 찾아야 하는데, 책임을 회피하고 싶은 것이다. 업무할 때도 느낀다. 내가 조금 더 일하고 배려하면 관계가 좋아진다. 서로 일을 안 하려고 하고 책임을 회피하다가 문제가 생긴다. 아이들도 뭘 하다가 안 되면 자연스럽게 자기반성이 아니라 '엄마 때문이야'라는 마음이 생긴다. 내가 부족해서가 아니라 외부 탓을 하며 책임을 돌리고 싶은 것이다. 둘째 아이가 유독 이 말을 자주 했다. 다독이면서 말해야 하는데, 나도 모르게 '네 탓이지 누굴 탓하냐'며 타박했다. 누구나 회피하고 싶은 마음이 있다. 그건 본능이다. 하지만 문제는 해결되지 않는다.

감정에 머물러 있지 말고 직면하고 문제를 해결해야 한다. 나 역시도 남 탓을 하느라 힘들었다. 이유를 내 안에서 찾으려 하지 않고 밖에서만 찾으려고 했다.

관계가 틀어지거나 감정적으로 힘들어지면 바로 책을 들었다. 다른 생각으로 전환하고 책에 빠져들었다.

그사이 감정이 가라앉고 천천히 생각할 수 있었다. 감정에 휩싸여 행동하지 않도록 노력했다. 마음을 들여다보고, 충분히 이해하고 생각한 다음 행동했다. 마음을 들여다보는 것도 연습이 필요했다.

읽고 생각 쓰기를 계속하다 보니 자연스럽게 마음을 들여다보게 되었다. 나를 점점 알아 가는 재미도 느꼈다.

전문적인 방법으로 테스트를 해 봤다. 갤럽 강점 테스트를 해 봤는데, 강점이 행동으로 나왔다. 성격도 급하고, 생각나면 바로 행동했다. 좋다고 생각이 들면 바로 시작했다. 덕분에 모임에 들어와 아웃풋 공부를 할 기회를 얻었다. 하지만 실행이 빠른 만큼 지속하는 힘이 약했다. 없는 시간을 쪼개어 아웃풋을 하면서 알게 되었다. 안 되는 건 없다. 정한 것이 있으면 그것에 집중하게 되고, 어떻게든 움직이게 되어 있다. 포기하고 싶은 마음만 잘 다스리면 된다.

매일 눈에 보이는 결과물을 보면서 나에 대한 신뢰와 믿음이 생겼다. 내심 나를 미루는 사람, 쉽게 포기하는 사람, 좋은 게 좋은 사람이라고 생각하고 있었다. 이제는 매사에 신중하고 꼼꼼히 따져 보는 사람이 되려고 한다. 이해득실보다는 앞과 뒤를 잘 맞추고, 퍼즐이 잘 끼워진 것처럼 내실을 꽉 채워서 성장하고 싶다. 노력한 결과물들을 쌓아 어떠한 시련이 와도 흔들리지 않을 만큼 단단하게 만들 것이다. 아웃풋을 하면서 마음이 더 단단해지는 것을 느낀다. 강해졌다. 두려움도 걱정도 많이 없어졌다. 변화를 느끼면서 삶이 더 행복해졌다.

시간 없다. 읽으면 졸리다. 지루하다. 여러 가지 핑계로 책보다는 미디어를 많이 찾는 이 시점에 독서하는 사람들이 더 빛날 것이다.

책 한 권을 정해서 밑줄 치고, 한 줄이라도 내 생각을 적어 본다면 그게 아웃풋의 시작이다. 거창한 거 없이 하루에 1분이라도 시간을 내서 한 줄 긋고, 짧은 메모 한 줄이면 된다. 그 한 줄이 점점 늘어나 책 한 권이 될 것이다. 이렇게 평범한 사람도 책을 쓸 수 있는 것이다. 누가 상상이나 했을까? 나조차도 믿을 수 없다. 이 글을 쓰고 있는 이 순간에도 글을 쓰고 있는 내가 놀랍다. 누구나 할 수 있지만 시도한 사람과 그렇지 않은 사람들이 있는 것이다. 나는 행동하였고, 기회를 얻었고, 아웃풋의 결과물이 나왔다.

남 탓 하고 살 때는 안 보이는 것들이 내 탓을 하며 살기 시작하니 선명하게 보이기 시작했다. 내가 행복해야 주변도 행복해 보인다. 아침에 일어나서 하루를 기분 좋게 시작하면 그날은 무엇을 해도 활기가 넘치고 즐겁다. 어렵지 않다. 1시간만 일찍 일어나서 나를 위한 시간을 쓴다. 다이어리 정리하고, 몸을 움직이고, 커피 한잔을 즐기며 좋은 언어로 나를 격려한다. 아웃풋을 시작하면서 일찍 일어나는 습관을 만들었다. 오후엔 아이들과 함께 있으니 오롯이 나만 생각할 수 있는 시간이 없다. 방해받지 않는 조용한 시간, 새벽 시간을 나에게 선물한다. 새벽이 아니어도 좋다. 나를 위한 시간을 확보하는 것이 중요하다. 완벽하지 않아도 5분이라도 매일 해야 한다. 자신을 잘 돌볼수록 더 단단해진다.

보이는 모습도, 말하는 것도 생각도 많이 달라졌다. 자신감이 올라가니 삶이 한층 더 재미났다. 무엇을 해도 다 할 수 있을 것 같았다. 이러한 태도가 나를 빛나게 만들었다. 자신을 존중하게 되니 존중받는 사람이 되었다. 나를 만들어 가는 것이다. 매일 내면과 싸우며 포기하려는 마음을 붙잡고 살아가지만, 그래도 자리에 앉아 한 글자라도 쓰다 보니 여기까지 왔다. 단순한 배움으로 끝나는 것이 아니라 실력과 기회를 만들었다. 직장에서는 승진했고, 결과물이 쌓이고 1년 전 내 모습과 비교하면 100% 성장이다.

배운 것을 흘려보내면 그대로 사라진다. 행동하고, 표현하고, 남겨야 한다. 힘들어도 장애물이 있어도 그것을 넘을 때 비로소 한층 더 성장한다. 말하고, 쓰고, 실행하는 모든 순간이 달라진다. 고통 없이 얻어지는 건 없다. 삶이 계속 평탄하기만 하면 변화하려고 할까? 무언가 나에게 자극을 줘야 움직이는 것이다. 고통도 고맙게 받아들여야 한다. 나를 변화시키는 원동력이 되어 주기 때문이다.

처음엔 다 어설프고 부족하고 힘들다. 아직도 힘들다. 하지만 그냥 하는 것이다. 멈추지 않고 하다 보면 성장할 수밖에 없다. 매일 2시간씩 나를 위해 투자하고 아웃풋을 하면 1년 뒤는 상상할 수 없는 일을 하고 있을 것이다. 꾸준히 하면 생각이 명확해지고, 실력이 쌓일 것이다.

위대한 일은 갑자기 이루어지지 않는다. 매일 조금씩 쌓아 가는 과정에서 만들어진다. 노력하지 않고 결과물을 얻으려는 것은 있을 수 없는 것이다. 중요한 것은 올바른 방법으로 과정을 만들고 한 걸음씩 나아가는 것이다. 제대로 된 길로 가다 보면 마지막엔 위대한 일을 하고 있는 나를 발견하게 될 것이다. 꾸준함을 이기는 것은 없다. 꾸준함을 작게 보아선 안 된다. 시간이 지나면 엄청난 차이를 만들어 낸다. 오늘부터 1%씩 성장한다고 하면 1년 후에는 37배 더 강한 사람이 되어 있을 것이다. 결국 재능보다 매일 쌓아 올린 결과물로 변화할 수 있다. 원하는 삶을 만들어 가는 것이다. 매일 읽고, 쓰고, 남기는 행위를 하면서 나를 증명해 보일 것이고, 오늘도 내일도 아웃풋을 멈추지 않을 것이다. 그리고 그것이 나를 원하는 곳까지 데려다줄 것이다.

## 4-3.
# 결단하고 행동하면, 이루어진다

김체원

식구들에게 연락했다. 바다 한 달 살기는 4주간의 일정이었는데, 한 주 더 연장하고 싶다고 말했다. 가족들은 반대하지 않았지만, 좋아하는 눈치도 아니었다. 하지만 이해해 주었다. 한 달 살기 할 때 2주차에 셋이서 얼굴을 보러 방문했었다. 떨어져 지내는 동안 가족의 식사를 걱정했었다. 예상은 빗나갔다. 사 먹고, 시켜 먹고, 외식하고. 별다른 반찬이 없어서 고기를 자주 구워 먹어 질렸다고 하는데, 얼굴이 뽀얗다. 괜한 걱정을 했다. 가족들도 혼자 있는 나를 걱정했는데, 좋아 보인다며 웃었다.

친한 지인들도 몇 차례 다녀갔다. 낯선 곳에서의 만남은 속 깊은 이야기를 나누며 서로를 더 깊이 아는 계기가 되었다. 한달살이를 부러워하면서도 '너니까 가능한 일'이라며, 버티고 살아 내느라 애썼다고 말해 주었다. 세상이 나에게만 커다란 고난을 준다고 억울해했는데, 그렇지 않았다. 누구나 아픔과 부대낌이 있었는데 헤아릴 마음의 여유가 없었다. 서로의 사정과 아픔에 공감하고 진심을 나눌 수 있었다. 토닥이며 응원하는 힐링의 시간이었다.

　집으로 돌아온 후 다시 도서관을 찾고 운동도 이어 갔다. 어느 날, 오랜 시간 끌어오던 단체 소송 법원 등기를 받았다. 첫 재판 기일이 잡혔다는 소식이었다. 준비 기간을 제외하고도 무려 5년 만이었다. 단톡방은 술렁였고, 상대 측은 전관 변호인을 일곱 명이나 배정한 반면, 우리 쪽 변호사는 다른 사건으로 인해 교도소에 수감되어 있다고 했다. 말도 안 되는 상황에 헛웃음마저 났고, 긍정적으로 변했다고 생각했지만, 부아가 치밀었다. 과거로 돌아가는 것은 순식간이었다.

　코치는 재판에 참석하려는 나를 만류했다. 무엇이 옳은 선택인지 알고 있었지만, 그게 말처럼 되지 않았다. 수백억으로 호의호식하며 양심의 가책 없는 그들의 얼굴을 보게 된다면 분명히 분이 풀리지 않을게 뻔했다. 변호인이 이 지경인데 무슨 수로 이길 것이며, 아무 소용 없는 줄 알면서 시간만 끌었다. 조용히 단톡방에서 나왔다. 이후 걸려 오는 연락을 받지 않았다. 재판에서 얻을 게 없다는 것을 알고 있었다.

　과거로 돌아갈 수는 없다. 지금까지 쌓아 온 노력을 허사로 만들 수 없었다. 과거는 바꿀 수 없지만, 미래는 나의 선택에 달려 있다. 좋은 생각과 태도를 선택하는 순간 변화는 시작된다. 마음의 평화가 찾아왔다. 좋은 마음을 유지하기 위해서 매 순간 나를 위한 현명한 선택을 반복해야 한다. 재판 소식을 듣고 나서부터 며칠간 감정에 휘둘려 일상적인 루틴을 놓쳤다. 나와의 대화도 멈췄고, 생각은 흐트러졌다. 매일 나를 마주하는 시간을 챙기고 지켜야 했지만 그러지 못했다. 매일 꾸준하게 생각하고 훈련하는 과정을 반복해야만 하는 이유다.

부동산을 시작할 당시, 돈을 벌려고 했던 나만의 목표와 이유가 있었다. 두 아들의 교육과 늙어 가는 어머니를 책임지고 싶었고, 시댁과 형제들에게 물질적인 도움을 주고 싶었다. 하지만 언제부터인가 돈 자체가 목적이 되었고, 더 벌겠다는 욕심에 사로잡혔다. 계속된 탐욕과 자만은 나를 벼랑 끝으로 몰아넣었다. 뒤통수를 맞고 모든 것을 잃은 나는 세상과 상황만을 탓했다. 문제만 바라보며 속이 문드러지고 건강마저 잃었다.

아웃풋 하는 삶은 내 모든 문제가 욕심에서 비롯되었음을 깨닫게 하였고, 제대로 반성하게 하였다. 잘못을 인정하니 나 자신을 있는 그대로 받아들일 수 있었고, 용기가 생겼다. 빠르고 쉽게 성공하는 법은 없다. 혹독함의 대가는 컸지만, 시간과 공을 들여야만 값진 결과를 얻을 수 있다는 흔해 빠진 진리를 몸소 배웠다.

정신과 상담을 받고 싶어 병원 문 앞을 서성였던 나였다. 읽고 쓰고 적용하는 아웃풋의 삶은 병원이나 약의 도움 없이 나를 회복시켜 주었다. 절대 빠져나올 수 없을 것 같았던 암울한 시간과 작별하도록 했다. 시련과 아픔은 나를 단련시켜 줄 소중한 경험이고 자산이 되어 줄 것이다.

삶은 선택의 연속이었다. 외부의 상황은 통제할 수 없지만, 어떤 생각을 품고 어떤 행동을 할지는 오직 나에게 달려 있다. 남과 상관없이 나에게 집중하면서 어떤 삶을 살고 싶은지, 그 이유가 무엇인지 매일 묻고 답한다. 오늘의 선택이 내일을 바꿀 수 있음을 믿으며 하루하루를 채워나가고 있다.

이하영 작가의 『나는 나의 스무 살을 가장 존중한다』를 최근에 읽었다. 책에서, 주인공이 아닌 작가의 삶을 살아가라고 한다. 아무리 멋진 영화 속 주인공이라도, 그들은 영화를 바꾸지 못한다. 리셋은 오직 작가의 몫이다. 인생 1막은 영화 속 등장인물로 살아왔지만, 인생 2막은 내 삶의 시나리오 작가로 살고 싶다. 각본을 쓰고, 수정하고, 각색하며 나만의 시나리오를 만들어 나가고 싶다. 이미 다 이룬 미래의 내가, 오늘의 나를 떠올리는 상상만으로도 위안이 되고 행복해진다.

말하는 대로, 생각한 대로, 마음먹은 대로 이루어진다는 말을 좋아했었다. 실패했다는 생각만 가득해 잊고 살았다. 하지만 코칭과 동기 부여 책은 좋아하던 그 시절을 떠올리게 했다. 여전히 좋아하는 말이고, 다시 꿈을 품고 싶어졌다. 행동이 뒷받침되어야 한다는 걸 알고 있다. 목표를 글로 적고 잠재의식에 새기면 무의식은 현실로 인식하기 시작한다고 한다. 우리의 뇌는 상상과 현실을 구분하지 못하기 때문이다. 이루고 싶은 삶의 목표를 글로 적고 내가 할 수 있는 것에 집중한다. 하루의 우선순위를 써 보고, 머릿속에 오늘을 미리 떠올려 보는 것은 나의 하루를 집중해서 살아가게 해 준다. 바꿀 수 있는 일과 바꿀 수 없는 것을 구분하고, 할 수 있는 일에 집중하면 삶이 단순해져 마음의 여유도 생겼다. 보이는 성과에 급해지지 않도록 중심을 잡고 나만의 속도로 꾸준하게 나아간다면 분명 원하는 대로 모두 이룰 수 있다고 믿는다.

책에서 읽은 문장들을 그냥 흘러보내지 않았다. 기록하며 내 삶에 적용하려고 노력했다. 우연히 만난 작가들의 인생에서 용기와 희망을 얻었다. 작가가 전하는 말들은 하나같이 내가 나에게 들려주고 싶은 이야기들이었고, 그 감동은 나를 일으켜 세웠다.

글을 쓰는 시간은 나를 이해하고, 상처를 보듬고 치유하는 시간이었다. 삶이 얼마나 소중한지 깨닫도록 했다. 노트를 펼치고 질문을 던지고 그 답을 찾아가는 과정, 그 안에서 변화가 시작되었다. 기대하지 않았고, 예상하지 못했던 글쓰기의 위력을 경험했다. 두려움을 이기고 그 어려운 '한 발짝'을 떼도록 용기를 주었고, 부정적인 생각만 가득하던 나와 결별할 수 있었다. 글 쓰면서 하루아침에 모든 문제가 사라졌을까? 물론 그사이 좋아진 것도 있을 테지만, 대부분의 상황은 그대로다. 문제보다 해결에 집중하고, 더 이상 문제로 바라보지 않는 변화된 관점 덕분이었다.

누구나 변화를 갈망하지만, 두려움에 포기하기 쉽다. 두려움을 떨치고 용기를 내어 한 걸음 내디딘다면, 변화는 누구라도 가능하다. 절망 속 희망의 빛을 발견했던 나처럼, 나의 경험이 누군가에게도 작은 힘이 되었으면 좋겠다. 변화는 마음먹는 대로 단번에 되지 않을 뿐더러, 반드시 행동이 따라야 한다. 쉽지 않은 과정이라는 걸 누구보다 잘 알고 있다.

결국, 삶의 변화는 이전과 다른 삶을 살겠다는 결단 그리고 구체적인 행동에서 시작된다. 아무리 거창한 계획이나 선명한 목표도 실천하지 않으면 의미가 없다. 이미 다 이룬 것처럼 믿으며 한 걸음씩 내딛다 보면, 현실은 원하는 방향으로 변화하기 시작한다. 지금 할 수 있는 일에 집중하며 꾸준히 시도하고 실천할 때, 우리는 스스로 원하는 삶을 만들어 간다. 결단하고 행동하면, 반드시 이루어진다.

그렇게도 부정적이었던 나를 포기하지 않고 힘과 용기를 주며 잠재력을 이끌어 주신 빛소영 코치님에게 사랑을 전하며, 변화와 성장을 응원하며 함께한 아웃풋 스쿨의 자신업 공저팀 멤버들에게도 감사를 전한다. 잔잔한 감동을 주는 친구 은하, 어려운 순간에 늘 함께해 준 연우 언니, 그리고 일일이 불러 주지 못하지만, 알고 있을 나의 소중하고 오랜 친구들과 모임 벗들, 끝으로 묵묵히 곁을 지켜 준 남편과 두 아들 용석과 현석. 늘 곁에서 응원해 주어 다시 일어설 수 있었고, 사랑과 감사의 마음을 전하고 싶다.

## 4-4.

# 완벽할 때가 아니라, 지금 시작할 때

다감

아침에 눈을 뜨면 제일 먼저 오늘 내가 가장 하기 싫은 일부터 처리하려고 한다. 일상생활 중에서 미루고만 싶은 일, 그날 가장 하기 싫은 일들을 처리하는 것이다. 어떤 날은 만들기 어렵고 시간이 오래 걸리는 요리가 될 수도 있고, 어떤 날은 보험금청구 같은 행정적인 일이 될 수도 있다. 하기 싫지만 꼭 해야 하는 일을 먼저 해 놓고 나면, 이제 내가 하고 싶은 일만 하면 된다는 생각에 다음 시간이 굉장히 기다려졌다. 산책하기, 책 읽고 글 쓰기, 그림 그리기 등 좋아하는 활동에 몰두하며 여유를 즐길 수 있었다.

어린 시절, 미술 시간을 좋아했다. 종이 한 장에 그림을 그리며 색을 채우는 과정을 즐겼다. 누군가를 기다리는 시간이 있을 때마다 손에 잡히는 휴지에도 끄적이던 기억이 난다. 얼마 전 아이 미술학원을 등록하면서 성인부 취미반에 함께 등록했다. 미술학원 근처라고는 가 본 적이 없던 내가 아이와 함께 미술을 배우게 되다니, 첫 학원 수업을 가는 발걸음이 그렇게 가벼울 수가 없었다. 학창 시절 소풍 가기 전날 잠 못 이루며 설레던 기분을 다시 느끼게 됐다. 누가 가라고 등 떠밀어서 억지로 가는 곳이 아닌, 진정으로 내가 원해서 가고 있는 그 길이 내 일상에 또 다른 에너지를 주었다.

내가 원해서 미술을 배우는 그 시간만큼은 온전히 나의 의지로 내 욕구를 채우는 시간이다. 그림을 그리는 시간은 단순한 취미가 아니라, 내면을 돌보고 나를 성장하게 하는 소중한 연습의 시간이다. 왜 이제야 도전한 걸까 생각했다. 나 자신을 위해 시간을 내고, 나를 돌보는 것이 결코 사치가 아니라는 사실을 배워 가고 있다. 원하는 것을 시작할 때 결과를 생각하지 않고 도전했다. 만족스러운 작품을 그려 보겠다거나 유명한 화가가 되겠다는 야심 찬 마음에서 시작한 것이 아니다. 조금씩 나를 알아 가니 좋아하는 것이 보이고, 하고 싶은 것이 생긴 것이다. 넘치는 의욕과 배움의 열정을 가진 지금의 내 모습이 좋다. 육아하는 내가 그림을 배우는 것은 정말로 도전하기 힘든 것으로 생각했지만, 아주 작은 시간을 내어 보기로 했다. 자기 전에 물 한 잔을 마시고 신문 속 한 기사, 책 속 한 문장만 읽는 것처럼 말이다.

나에겐 무슨 일을 하든 완벽하게 해야 한다는 생각이 있었다. 직장 생활을 했을 때는 제안서 하나를 쓰는데도 끝없는 수정과 고민을 반복했다. 결과물이 완성도 있게 느껴지지 않으면 마무리할 수 없었고, 완벽한 준비 없이는 쉽게 도전하지도 못했다. 육아에서도 마찬가지였다. 이런 내가 엄마가 되었으니 또 얼마나 모범적인 엄마가 되고 싶었을까. 모든 것을 잘할 수 있는 엄마는 없다는 것을 알면서도 내심 다 해낼 수 있다는 무리한 욕심이 나를 더욱 힘들게 했다. 양면테이프를 창문 가득 붙여 놓을 때, 책장의 책이 바닥에 모조리 쏟아져 있을 때, 먹는 것보다 흘리는 게 더 많은 아이를 보면서 감정 조절이 제대로 되지 않았다. 아이는 내 감정의 쓰레기통이 되어 버렸다. 버럭 화를 내고 뒤돌아설 때마다 내가 왜 이것밖에 안 되는 것일까 자책했다. 자녀의 행동이 예상대로 진행되지 않으면 계획에 차질이 생겼고, 그로 인해 스스로 불필요한 압박감을 느꼈다. 그러다 문득 깨달았다. 내가, 이 마음에서 벗어나야 한다는 것을 말이다.

그 이후로 나는 조금씩 내려놓는 연습을 시작했다. '아, 지금 아이가 징징거려서 내 신경이 곤두서고 있네', '나가야 할 시간이 다 가오는데 뭉그적거리는 모습을 보니 내가 화가 나네.' 평소보다 더 예민해지거나 짜증이 올라올 때는 내 감정을 먼저 들여다보려고 노력했다. 화가 나서 아무 말이나 내뱉을 상황에는 그냥 혀를 깨무는 것이 낫겠다고도 생각했다. 숨을 크게 쉬고 자리를 떠 보기도 하며 내 감정을 조절하려고 애썼다. 오늘의 내 모습이 완벽하지 않을지 모르지만, 그 안에서 나는 웃고, 울고, 배우며 살아가고 있다. 그런 일상에서 우리는 함께 성장하고 있다. 완벽한 엄마가 아니라도 서로를 통해 조금씩 더 나아지고 있음을 믿는다. 이 자체로 내게는 충분히 아름다운 오늘이다.

코로나19 팬데믹을 시작으로 아이 둘은 서로 누가 더 아픈지 내기라도 하듯 아팠다. 번갈아 가며 몇 달 동안 입퇴원을 반복하니 모든 것을 포기하고 싶은 마음이 들었다. 병원에서 사는 건지 집에서 사는 건지 헷갈리기도 했다. 그럼에도 아웃풋 모임을 놓지 않았다. 나를 단단하게 잡아 주는 시간임을 알고 있었기 때문이다. 아이 손에는 링거가 꽂혀 있었지만, 불 꺼진 병실에서 새벽이고 밤이고 빠지지 않고 참석했다. 아이가 아프다는 것을 핑계로 내가 해야 할 일을 미루고 싶지 않았다. 아픈 아이는 내가 돌보면 되고, 나는 내 할 일을 묵묵히 하면 그만인 것이었다. 그러다 보니 어느새 아픈 것은 변명의 소지가 되지 못했다. 상황이 녹록지 않을수록 나 자신을 잃지 않는 것이 중요하다는 것을 그때 깨달았다. '내가 무너지면 안 되는구나.' 나를 돌보는 일이 최우선이 되어야 한다는 것을 배웠다.

아웃풋 모임은 흔들리는 나를 잡아 주었고, 나를 믿는 힘을 길러 주었다. 내가 가고자 하는 길이 맞는지 확신이 들지 않을 때, 함께하는 이들의 지지가 나를 다시 앞으로 나아가게 했다. 혼자라면 쉽게 포기했을지도 모를 도전을 함께하는 힘으로 끝까지 해낼 수 있었다. 비교와 경쟁이 아닌 응원과 격려가 주는 힘을 경험했다. 혼자서는 가다 말아도 함께라면 멀리 갈 수 있는 법이다. 단순히 목표를 이루는 것이 아닌 그 과정에 몰입하는 나를 발견했다. 좋든 나쁘든 결과물이 나올 때마다 그 과정에서 내가 배운 것이 있었고, 전보다 한 단계 성장했다는 것을 알았다.

시작은 누구에게나 어렵고 힘들다. 몸이 이미 편안하고 안정된 삶을 잘 살아가고 있는데 갑자기 새롭고 어려운 일을 추가하면 거부 반응이 오는 것은 당연하다. 나 또한 아웃풋 모임을 만나기 전까지 '안 된다, 못 한다, 하기 싫다'는 말을 하면서 나를 가두었다. 하지만 아웃풋 모임을 통해 '그냥 해 보자. 도전하자'라는 마음으로 변하기까지 그리 오랜 시간이 걸리지 않았다. '내가 나를 믿어 주는 것. 나는 할 수 있다'는 격려를 나 스스로 하는 것이 제일 큰 변화였다. 매일 해야 하는 하루의 루틴을 충실히 수행할 때 남의 시선은 사라진 지 오래였다. 이제는 매일 조금씩 나아가는 나를 보며 확신한다.

새로운 무언가를 꿈꾸지만 주저하고 있을지도 모른다. 자신에 대한 깊은 고민도 없이 내가 꿈꾸는 것이 무엇인지 알아내기는 쉽지 않다. 빈틈없이 준비되지 않았으니, 시작조차 하지 못하겠다는 마음이 들 수도 있다. 완벽해야만 도전할 수 있는 것은 아니다. 최적의 순간을 기다리지 않고 지금 시도하는 것이다. 시작하는 것만으로도 이미 의미 있는 도전이다. 실패할 수도 있고, 계획대로 되지 않을 수도 있다. 하지만 도전조차 하지 않는다면 가능성은 0이 된다. 100을 목표로 하지 않고 1을 목표로 한다면 도전은 쉬워진다. 이 글을 읽으면서 머릿속으로만 꿈꾸던 일, 가슴이 뛰는 일이 생각났다면 주저하고 망설이지 말자. 변화를 시작하는 당신을 진심으로 응원한다.

## 4-5.

# 나를 일으켜 세운 작은 빛, 독서와 기록

박혜연

우물 안 개구리는 우물 밖 세상을 알지 못한다. 알려고 하지도 않는다. 밖으로 나가면 새로운 환경에 적응해야 하는 두려움에 선뜻 움직이려 하지 않는다. 누군가는 이야기한다. 우물 밖 세상에 눈길을 돌려 봐. 주변 환경이 달라지고, 새로운 길로 데려다줄 거야. 그런 말들이 들리지 않았다. 내가 사는 세상에 딱히 불만도 없었다. 불편함을 느끼지 못했기 때문에 굳이 나를 우물 밖 세상으로 내놓고 싶지 않았다. 엄마가 돌아가시고 나만의 세상에 고립되어 상실감으로 가득했다. 다시 동굴 속 깊은 곳 어둠에서 벗어나려 하지 않았다. 가족들은 나를 지키기 위해 주위를 맴돌고, 그들의 생활에도 집중하지 못했다. 내가 원하는 것은 이런 모습이 아니었다. 나의 상실감과 불안이 가족에게까지 전해지고 있었다. 나의 곁을 한시도 떠나지 않고 전전긍긍하게 했다. 이러면 안 되지. 이러지 말자. 무기력에서 벗어나 가족들에게 나를 보여 주자. 그렇게 세상 밖으로 한 걸음 내디뎠다. 하지만 어디로 가야 하는지,

무엇을 위해 달리는지조차 알지 못한 채 그저 남들이 가는 방향을 따라가고 있었다. 조바심과 비교하는 마음이 좀처럼 사라지지 않고 늘 내 안에 자리했었다. 나만의 길을 찾아야 했다. '정신 차리자. 왜 이렇게 마음먹은 대로 되는 일이 없을까?' 다시 불안한 마음에 여기저기 기웃거리며 무언가 변화할 수 있는 것을 찾아 헤매기도 했다. 아무런 변화가 생기지 않았다. 그냥저냥 살아가는 것도 나쁘지 않은데, 너무 발버둥을 친다는 생각이 들었다. 이런 고민으로 생각이 많아질 때, 삶의 변화와 성장을 이끄는 것을 사명으로 여기는 리더를 만났다. 이 시스템 안에서 다시 도전해서 두려움을 극복해 보기로 다짐했다. 독서하고 내 생각을 기록하라고 한다. 지금까지 독서의 습관은 완독하지 못하고 책을 덮는 것이었다. 포기하지 않고 제대로 할 수 있을지 고민되었지만 나를 믿어 보기로 했다. 조금씩 독서 습관, 기록하는 습관이 만들어졌다. 처음 도전했을 때 당연히 나타난 두려움도 사라졌다. 보이지 않는 것에 걱정이라는 단어로 나를 묶어 놓고 있었다. 두려움을 이겨 내야 변화하고 성장하는 삶을 살아갈 수 있음을 깨치는 데 걸리는 시간은 얼마 걸리지 않았다. 저 깊은 곳에 가라앉아 있던 자존감과 자신감이 올라오는 시간도 오래 걸리지 않았다. 모든 것에 도전할 할 수 있었다. 두려움이라는 단어도 모두 떨쳐 버리고 실행에 옮길 수 있었다. 나를 지켜 나가는 마음, 돌아볼 수 있는 마음, 나를 사랑해 줄 수 있는 여유가 생겼다.

　남편과 아이들은 이제 더 이상 내가 다시 무너질까 걱정하지 않는다. 변화된 내 모습을 신기해하며 안도하는 듯했다. 그들의 얼굴에는 행복한 미소가 번졌고, 이제는 내가 무엇을 하든 간섭하지 않는다. 방 안에 혼자 있어도 문밖에서 조용히 나를 살피던 시선이 사라졌다. 더 이상 나를 보살피느라 불안해하지 않아도 되고, 내가 무너질까 두려워하며 시간을 보낼 필요도 없다. 우리는 이제 각자의 평안한 일상을 보내고 있다.

입시 준비를 하면서 스트레스를 받는 아이들의 눈치를 보느라 남편과 나는 조심스럽게 생활했다. 집안 분위기도 조금씩 어두워지고 가라앉았다. 입시 기간이 다가올수록 아이들의 표정은 점점 어두워졌고, 남편 역시 휴일에도 제대로 쉬지 못한 채 무거운 마음을 안고 있었다. 이럴 때일수록 잠시라도 숨을 돌릴 시간이 필요하다고 생각했다. 그래서 시간을 내어 아이들과 함께 호수공원을 산책하기로 했다. 맑은 공기를 마시며 걷다 보면, 쌓였던 긴장과 걱정이 조금이나마 풀릴 것 같았다. 뒤처져서 걸어오는 아이들 곁으로 다가가 격려의 말을 해 주었다. 혼란스러울수록 내면에 있는 자아에 진정으로 하고 싶은 것이 무엇인지 질문해 보는 것을 권유했다. 집으로 돌아오는 길에 우리는 아무런 대화를 하지 않았다. 서로에게 방해하지 않고 걷는 속도에만 집중했다. 둘째의 합격자 발표가 있는 날이다. 컴퓨터 앞에 앉아 숨소리도 들리지 않게 지켜만 보고 있는다. 마우스를 잡은 아이의 손가락이 조심스럽게 움직인다. 한쪽 손으로는 컴퓨터 화면 반을 가린다. 갑자기 아이가 울음을 터트린다. '아휴! 뭐라고 말해 줘야 하지? 혹시 떨어진 걸까?' 하고 지레짐작해 본다.

"어떡해, 나 합격이야!"

우리 가족은 서로 안고 빙글빙글 거실을 돌았다. 이틀 후 첫째 아이의 합격자 발표 있는 날, 우리는 또 조용히 호흡에만 집중했다. 컴퓨터를 바라보는 아이의 입꼬리가 올라간다. 한 명만 합격하지 않고 둘 다 원하는 곳에 합격해서 얼마나 다행인지 모른다. 식탁 의자에 앉아 있는 나에게 아이들이 다가와서 힘껏 안아 준다.

"엄마의 말 한마디가 우리가 결정하는 데 고민을 덜 수 있었어. 고마워요."

나의 깊숙한 곳에 자리 잡은 강인한 멘탈은 아이들에게도 자연스럽게 용기를 전해 줄 수 있었다. 내가 단단해지면서 아이들에게도 자신을 먼저 돌아보는 시간을 가져보라고 권할 수 있게 되었다. 가족은 어디서든 서로를 지탱해 주는 에너지가 되고 언덕이 된다. 기다려 준 마음, 독촉하지 않은 시간, 무엇을 하든 믿어 주는 신뢰, 영원히 행복한 시간을 보낼 삶의 안식처이다. 자신이 변화하고 성장함으로써 다른 사람에게 도움을 주는 환경을 만들어 줄 수 있다.

독서와 기록의 습관이 내면과 멘탈을 강하게 만들어 주고 자존감을 일으켜 세워 준다. 어떤 상황에서도 나를 지켜 낼 수 있는 것 또한 독서와 기록의 힘이다. 내 안에 잠들어 있는 힘과 에너지를 발산하게 하는 것도 독서와 기록의 힘이다. 좁은 우물 안에서, 어두운 동굴 속에서 탈출해 밖의 빛을 만나게 되었다. 이 또한 가족 사랑과 독서, 기록의 힘이 있었기 때문이다. 어두운 동굴 속에서 힘들어하고 밖으로 나오기를 겁내 하는 많은 사람들이 있을 것이다. 도전하는 것에 두려움을 떨치는 것은 그리 어렵지 않음을 전달하고 싶다. 내면의 단단함이 자신을 변화시키는 환경이 되는 것이다. 어려운 상황에서 멘탈을 잡고 자존감을 높이는 것은 긍정의 힘을 발휘하는 에너지를 만들어 간다. 이런 에너지는 혼자만의 힘으로 만들어지지 않는다. 함께하는 사람들의 긍정적인 기운이 마음 깊숙이 전달되어야 한다. 부정적인 기운을 저 멀리 떨쳐 버리고, 무엇이든 해낼 수 있는 사람으로 만들어 갈 수 있다. 긍정적인 기운은 자연스럽게 다른 사람에게 전달된다. 내가 찍은 작은 점이 점점 커져서 커다란 원을 만들어 간다. 그 안에서 긍정적인 에너지를 느끼고, 자신이 변화하고 성장할 수 있는 기회를 만들어 가는 환경이 된다. 많은 도전에 어려움이 있었지만 두려워하지 않고 실행했다. 앞으로도 더 많은 도전이 기다리고 있겠지만, 이제 나에게 두려움은 없다. 변화와 성장을 거듭하며 나는 더욱 단단해질 것이다.

우리는 종종 자신을 한정된 공간에 가두고 변화의 문턱 앞에서 주저한다. 익숙한 환경 속에 머무는 것이 더 안전하다고 느껴지기 때문이다. 변화를 받아들이는 일은 용기가 필요한 일이지만 동시에 불확실함에 대한 두려움을 동반하기도 한다. 나 역시 오랫동안 익숙한 세상에 머물며, 변화의 두려움 속에 살아왔다, 스스로 만들어 놓은 경계 안에서 벗어나지 않으려 애쓰며 안정이라는 이름의 틀 속에 갇혀 있었다. 그러나 어느 순간, 내 안의 깊은 어둠을 밝힐 수 있는 것은 바로 나 자신이라는 것을 깨달았다. 삶은 가만히 기다린다고 바뀌지 않는다. 그때 내 손을 잡아 준 것이 독서와 기록이었다. 독서는 단순히 정보를 얻는 행위가 아니라, 새로운 시각을 열어 주고 더 넓은 세상을 경험할 수 있도록 이끌어 주는 힘이 있다. 독서와 기록은 나를 다시 일으켜 세운 작은 빛이 되었다. 책을 읽으며 나는 더 넓은 세상을 알게 되었고, 기록을 통해 나 자신을 이해하기 시작했다. 두려움 속에서 길을 잃을 때마다 책을 읽고 기록하며 마음을 정리했고, 한 걸음씩 앞으로 나아갔다. 조금씩 내 안의 두려움이 사라지고 삶의 방향이 보이기 시작했다. 독서와 기록은 내면을 강하게 만들고 나를 다시 일어서게 하는 힘이 되었다. 그렇게 나는 무너진 자존감을 다시 세우고 내면의 힘을 키울 수 있었다. 이제는 더 이상 동굴 속에 갇혀 있지 않는다. 나 자신을 믿고 내 삶을 온전히 사랑할 수 있게 되었다. 삶을 변화시키고 내면의 힘을 강하게 만드는 데 나이는 문제가 되지 않는다. 누구나 충분히 해낼 수 있음을, 한 권의 책이 한 줄의 기록이 삶의 방향을 바꿀 수 있다는 것을 그리고 그 변화의 시작은 결국 나 자신을 믿는 것에서 비롯된다는 것을 함께 나누고 싶다.

# 4-6.

# 우리만의 음악이 세상을 울리다

빛소영

아웃풋 스쿨과 함께한 시간이 5년째다. 한 사람, 두 사람이 모여 시작된 모임은 이제 수많은 이들의 변화가 꽃피는 정원이 되었다. 이 자리까지 올 수 있었던 것은 순전히 함께해 준 모든 분의 열정과 용기 덕분이다. 그들은 자신의 한계에 도전하며 성장했고, 나는 그들의 여정을 함께하며 더 깊어질 수 있었다. 그러다 문득 깨달았다. 한 사람의 작은 변화는 잔잔한 물결처럼 주변으로 퍼져 나간다는 것을. 한 사람의 도전이 다른 이에게 영감을 주고, 그 영감은 또 다른 변화를 만들어 낸다.

나는 사람들의 삶을 진정으로 변화시키는 아웃풋 코치다. 내 일은 단순히 순간적인 동기 부여에 그치지 않는다. 나는 한 사람의 내면에 숨겨진 무한한 가능성을 깨우고, 그것을 현실로 만들어 가는 여정을 함께한다. 사람들은 종종 스스로에게 묻는다.

"나는 아직 부족해. 준비가 되면 시작해야지. 과연 나 같은 사람이 해낼 수 있을까?"

하지만 나는 안다. 모든 사람은 이미 놀라운 잠재력을 지니고 있다는 것을. 그 잠재력이 현실로 바뀌지 않는다면, 그것은 그저 '가능성'에 머물 뿐이다.

진짜 변화는 단순히 행동에서 오는 것이 아니다. 실행은 삶의 방향을 새롭게 정의하고, 자신의 정체성을 다시 쓰는 과정이다. '무엇을 할 것인가'를 결정하는 것이 아니라 '어떤 사람이 될 것인가'를 선택하는 것이다. 행동은 결국 선택에서 비롯되며, 선택은 내가 누구인지에 대한 깊은 깨달음에서 시작된다. 그래서 실행은 단순한 도전이 아니다. 그것은 나 자신에게 하는 선언이다. '나는 더 나은 나로 변화하겠다'는 약속이다. 그리고 그 약속을 지킬 때 사람은 자신이 생각한 것보다 더 큰 존재임을 깨닫는다. 나는 그 변화를 지켜본다. 망설이던 눈빛에 빛이 스며들고, 첫걸음을 내디딘 후 느껴지는 성취감. 두려움 속에서도 도전하며 발견하는 자신만의 가능성. 그 순간, 나는 확신한다. 사람은 누구나 변할 수 있다.

현재 10대부터 60대까지 다양한 연령대를 대상으로 코칭을 하고 있다. 청소년들에게는 단순한 학습 코칭을 넘어, 원하는 삶을 주도적으로 설계할 수 있도록 돕는다. 미래를 상상하고, 한 걸음씩 나아가는 과정을 함께하며, 자신 안에 숨겨진 가능성을 발견하도록 이끈다. 성인들에게는 오랫동안 굳어진 사고방식을 깨고, 새로운 도전을 시작할 용기를 심어 준다. 익숙한 삶에서 벗어나 더 나은 선택을 할 수 있도록 돕는 것이다. 연령대마다 고민은 다르지만, 본질은 같다. 청소년은 미래에 대한 불안을, 성인은 변화에 대한 두려움을 안고 있다. 그러나 누구나 자신의 삶을 바꾸고 성장할 수 있으며, 가능성은 언제든지 현실이 될 수 있다는 사실은 변함없다. 나는 그 가능성을 믿고, 그들이 한 걸음 내디딜 수 있도록 곁에서 함께한다.

코칭은 단순한 조언이 아니다, 참여자가 자신의 목표를 명확히 하고 이를 달성할 수 있도록 돕는 과정이다. 코칭은 참여자가 자신의 잠재력을 발견하고, 이를 실현할 수 있게 돕는다. 질문을 통해 참여자는 주도적으로 삶을 이끌어 가는 능력을 기르게 된다. 1:1 코칭은 개인의 고민과 목표에 맞춰 깊이 있는 탐색을 통해 진정으로 원하는 삶의 방향을 찾게 해 준다. 자신이 무엇을 원하는지 몰랐던 이들도 코칭을 통해 내면의 목소리를 듣고, 오래 미뤄 왔던 목표를 실현하거나 전혀 새로운 길을 개척하는 등 인생의 전환점을 맞이한다. 변화는 그 개인에게만 머물지 않는다. 그룹 코칭에서는 집단의 에너지가 변화의 촉진제가 된다. 같은 목표를 향해 나아가는 사람들과의 만남은 강력한 시너지를 만들어 내며, 멤버들은 서로의 고민을 나누고, 함께 성장하는 경험을 쌓는다. 누군가가 작은 한 걸음을 내디딘 순간, 그 용기는 또 다른 누군가에게 큰 힘이 된다. 불안했던 시작이지만, 함께하는 힘이 더해져 점점 더 큰 도약으로 이어진다. 그 과정에서 형성된 신뢰와 연대는 어떤 동기 부여보다 강력한 힘이 되어 준다.

기억에 남는 한 멤버가 있다. 처음 그녀는 자신에게 특별한 것이 전혀 없다고 믿었고, 사람들 앞에서 의견을 표현하는 것조차 두려워했다. 코칭 후 그녀는 하루 한 문장씩 글을 쓰는 작은 도전을 시작했다. 한 달이 지나면서 놀라운 변화가 일어났다. 꾸준히 글을 쓰게 되었고, 어느 날 자신의 글이 누군가에게 감동을 주었다는 이야기를 들었다. 그제야 그녀는 깨달았다. 자신의 이야기가 누군가에게 희망이 될 수 있다는 것을. 이것이 바로 코칭의 힘이다. 한 사람의 변화가 또 다른 사람에게 용기를 주고, 그렇게 시작된 작은 물결이 점차 더 큰 파도로 번져 나간다. 나는 그 물결의 시작을 함께할 수 있기 때문에 이 길을 계속 걸어간다.

"준비가 되면 시작하겠다."

그렇게 말하던 한 멤버가 있었다. 하지만 완벽한 준비의 순간은 결코 오지 않았다. 결국 그녀는 하루 10분이라는 작은 실천으로 첫발을 내디뎠다. 어색함과 불안을 넘어서며 반복 속에서 자신감을 쌓아 갔고, 마침내 세상에 첫 프로젝트를 선보였다. 그 도전은 단순한 성취를 넘어 주변 사람들에게 용기를 주었다.

그녀는 완벽주의 때문에 실행을 미루고 있었다. 하지만 완벽함이 아니라 시작이 더 중요하다는 사실을 깨달았다. 일단 첫발을 내딛자 점진적인 개선 속에서 변화가 찾아왔다. 그녀는 자신의 작업물을 세상에 공유하며 피드백을 받아들이고, 꾸준히 발전해 나갔다. 마침내 첫 제품을 출시해 판매에 성공했고, 그 여정은 '완벽해야만 시작할 수 있다'고 믿던 사람들에게 새로운 가능성을 보여 주었다.

겉으로는 성공한 삶을 살고 있었지만, 내면의 공허함에 시달리던 멤버도 있었다. '작은 실행이 과연 의미가 있을까?'라는 회의감 속에서도 그는 매일 아침 15분간 자신과 마주하기 시작했다. 꾸준한 자기성찰을 통해 진정한 자신을 이해하고 받아들였다. 이제는 타인의 평가에 흔들리지 않는 단단한 내면을 갖게 되었다.

그리고 잊지 못할 한 사람. 삶의 의미를 잃고 깊은 절망 속에서 죽음을 떠올리던 그녀. 용기 내어 내디딘 한 걸음으로 희망의 빛을 발견했다. 벼랑 끝에서 시작된 도전은 점차 그녀에게 자신감을 심어 주었고, 마침내 잃어버린 자존감을 되찾으며 새로운 꿈을 향해 나아갔다.

작은 실행의 힘은 우리가 상상하는 것보다 훨씬 더 크다. 작은 씨앗이 거대한 숲을 이루듯, 우리의 삶도 단 한 번의 행동으로 완전히 바뀔 수 있다. 나는 많은 사람들의 변화를 지켜보며 깨달았다. 변화는 선택받은 사람들만의 특권이 아니다. 누구나 자신의 삶을 바꿀 힘을 가지고 있다. 때로는 사소한 실천이 예상치 못한 기회를 열고, 잠자던 능력을 깨운다.

변화란 내 안에 숨겨진 가능성을 하나씩 꺼내는 과정이다. 속도는 중요하지 않다. 중요한 건 멈추지 않고 앞으로 나아가는 용기다. 작은 행동들이 모이면 결국 삶을 바꾸는 커다란 흐름이 된다. 물론 실패와 실수도 피할 수 없다. 하지만 그 모든 순간이 나를 더 강하게 만든다. 완벽한 순간을 기다릴 필요는 없다. 이미 당신은 당신만의 이야기를 써 내려가고 있다. 이제, 그 이야기를 더 크게, 더 담대하게 이어 갈 차례다.

사람들은 화려하게 핀 꽃을 보지만, 폭풍 속에서도 쓰러지지 않는 나무의 비밀은 보이지 않는 뿌리에 있다. 삶도 마찬가지다. 겉으로 보이는 성공에만 집착하면 작은 시련에도 쉽게 무너진다. 하지만 내면의 힘을 단단히 키우면 어떤 역경도 이겨 낼 수 있다. 이제, 당신 앞에 무대가 준비되었다. 중요한 것은 완벽한 연주가 아니다. 자신만의 소리를 세상에 울리는 것. 때론 음이 흔들리고, 실수할 수도 있다. 하지만 그 모든 순간이 당신의 이야기를 더욱 특별하게 만든다. 지금 당신 안에는 상상조차 못 했던 놀라운 가능성이 숨 쉬고 있다. 천천히, 당신의 속도대로 나아가면 된다. 세상에 당신만의 음악을 들려줘라. 작은 음 하나가 누군가에게 용기를 주고, 또 다른 시작이 될 것이다. 당신의 이야기는 누군가의 마음에 울림이 되어 더 멀리 퍼져 나갈 것이다.

자, 이제 연주해 보자. 당신의 시간이 시작됐다. 나는 당신이 해 낼 수 있다고 믿는다.

## 4-7.
# 나를 믿으면 가능성이 열린다
샤인영


아웃풋 스쿨에 참가하며 가장 크게 달라진 점은 나를 믿게 된 것이다. 처음부터 나에 대한 확신이 있었던 것은 아니다. 10년간 경력 단절로 가정주부로 살았지만 정작 나 자신을 찾을 수 없었다. 처음에는 불안했고 두려웠다. 그러나 책을 읽고 미션을 수행하며 '나도 할 수 있다'는 믿음이 생겼다. 자기 확신은 작은 실천에서 시작되었다. 처음에는 그저 주어진 미션을 수행하는 것이었다. 하나둘 작은 성취가 쌓이면서 스스로에 대한 믿음이 커졌다. 그 믿음이 생기자, 모든 것이 달라지기 시작했다.

이전에는 변화가 막연한 목표처럼 느껴졌다면, 이제 변화는 삶의 일부가 되었다.

과거에는 남들의 시선을 의식하며 내 의견보다 주변의 판단을 따랐다. 타인의 인정을 받아야만 내 가치를 증명할 수 있다고 믿었다. 아이들이 남들에게 어떻게 보일지 고민하며 불안해했다. 이제는 남의 시선보다 나와 아이들의 마음을 더 중요하게 생각한다.

자기 확신이 생기면서 남과 비교하며 불안해하는 일도 줄어들었다. 이제는 타인의 평가에 휘둘리지 않는다. 스스로를 인정하며, 내 가치를 내가 결정한다.

2025년 새해 첫 미션으로 유튜브 영상을 보고 C형 목표를 세웠다. '나는 선한 영향을 주는 사람이 되고 싶다. 도서관을 건립해 사람들이 편안하게 책을 읽고, 책을 통해 삶이 변화되길 바란다. 이를 위해 경제적 자유를 이루고, 목소리로 세상을 이롭게 하며, 인생을 이야기하는 사람이 될 것이다.'

10년간 육아만 했던 내가 이런 목표를 세울 수 있었던 이유는 나를 믿었기 때문이다. 자기 확신이 없었다면, 이런 목표조차 생각하지 못했을 것이다.

경력 단절 후 육아에 전념하는 엄마들이 많다. 나 역시 그중 한 명이었다. 육아에 집중하는 것도 중요하지만, 나를 성장시킬 시간과 기회도 필요했다. 아이들이 자라는 모습을 보며 보람을 느꼈지만, 그것만으로는 충분하지 않았다. 책을 읽고, 생각하고, 미션을 수행하며 성장하는 과정이 필요했다. 나 자신을 새롭게 발견하자, 우물 안 개구리였던 시야가 넓어졌다. 삶에 대한 감사가 생기니 자연스럽게 행복도 따라왔다.

엄마도 자기 자신을 위해 시간을 투자해야 한다. 엄마가 자신을 존중하고 사랑하며 내면을 단단하게 다질수록, 아이들에게도 자연스럽게 긍정적인 영향을 미친다. 결국, 엄마가 변하면 아이들도 변한다. 그 변화는 삶을 더 단단하고 풍요롭게 만든다.

자기 확신이 생기면 어떤 어려움에도 쉽게 무너지지 않는다. 2024년 8월, 큰아들의 가장 친한 친구가 전학을 갔다. 아이는 깊은 슬픔에 빠졌고, 결국 스트레스로 수족구병까지 걸렸다. 나 또한 아이의 아픔을 지켜보며 힘든 시간을 보냈다. 종일 우울한 감정에 휩싸였고, 모든 것이 하기 싫어졌다. 자기 계발의 방향도 잃어버렸다. 그러나 단단해진 내면이 나를 다시 일으켜 세웠다. 과거의 나였다면, 아이의 아픔을 핑계로 자기 계발을 포기했을지도 모른다. 자기 확신이 쌓였기에 다시 일어설 수 있었다. 그리고 10월, 아웃풋 스쿨 MVP가 되었다.

얼마 전, 동네 공립유치원에서 활동 보조 인력을 모집한다는 공고를 보았다. 이번에는 망설이지 않고 지원했고, 합격했다. 이전의 나라면 자신이 없어 도전조차 하지 않았을 것이다. 이제는 용기를 내어 한 발 내디딜 수 있었다. 자기 확신이 커지니, 자연스럽게 기회를 잡고 싶어졌다.

15개월 전, 아웃풋 스쿨에 처음 참가했을 때 던졌던 질문이 떠올랐다.

"여기서 공부하면 저 취업할까요?"

만약 내면이 단단해지기 전에 취업을 고집했다면, 지금과 같은 내면과 외적인 성장은 이루지 못했을 것이다. 아이들과도 지금처럼 정서적으로 깊은 관계를 맺을 수 있었을까? 아마 아니었을 것이다. 15개월 동안 내면을 다졌기에, 지금의 성장이 더욱 값지다.

돈을 벌고 싶은 이유도 달라졌다. 예전에는 단순히 원하는 것을 사기 위해서였다. 지금은 자기 계발을 위해 돈을 벌고 싶다. 스스로 번 돈으로 나의 성장을 위해 투자하고 싶다. 그렇게 해야 더 큰 목표를 향해 나아갈 수 있기 때문이다. 돈을 버는 것보다 중요한 것은, 돈을 어떻게 쓰느냐다. 이제는 돈을 소비의 수단이 아니라 나를 성장시키는 중요한 자원으로 바라본다.

평범했던 내가 변할 수 있었던 이유는 자기 확신이 생겼기 때문이다. 15개월 동안 새벽까지 공부하며 노력했다. 나에게 말한다. '너 정말 애썼다. 두 아들을 키우면서도 성장하기 위해 노력한 너, 정말 기특해. 앞으로도 넌 잘해 낼 거야. 너는 가치 있는 사람이고, 가능성이 많은 사람이야. 어떤 상황에서도 흔들리지 말고, 도전하며 살자.'

살아가면서 가장 중요한 것은 자신을 믿는 힘이다. '할 수 있다'는 믿음이 행동으로 이어질 때, 삶은 새로운 가능성으로 가득 찬다. 많은 사람이 타인의 기준에 맞춰 자신의 가능성을 의심하며 살아간다. 나 역시 그랬다. 육아와 경력 단절 속에서 내 잠재력을 보지 못했다. 오직 좋은 엄마라는 역할에 갇혀 내가 누구인지조차 잊어 갔다. 자기 확신은 처음부터 단단한 사람에게만 있는 것이 아니었다. 내면을 단단히 세우기 위한 작은 실천을 반복하면서, 삶의 변화가 시작되었다. 책을 읽고 미션을 수행하며 나를 위한 시간을 보냈을 때, 나는 '할 수 있다'는 확신을 얻었다. 처음 도전한 NIE 강사, 블로그 작성, 그리고 공저 참여까지 이 모든 것은 나에 대한 믿음이 만든 결과다. 이전의 나라면 상상조차 하지 못했을 일들이었다.

시어도어 루즈벨트는 말했다. "할 수 있다고 믿으세요. 그러면 이미 반은 이룬 것입니다." 자기 확신이 강할수록 도전 앞에서 망설임이 줄어든다. 불확실한 미래를 두려워하기보다 주어진 기회를 붙잡고 나아갈 용기가 생긴다. 더 이상 완벽한 준비를 기다리지 않는다. 부족하더라도 시작하고, 시행착오 속에서 배운다. 믿음이 행동으로 이어질 때, 삶은 새로운 가능성으로 가득 찬다. 자신을 믿으면 선택의 폭이 넓어진다. 과거에는 '내가 할 수 있을까?'라는 의심이 앞섰다면, 이제는 '어떻게 하면 해낼 수 있을까?'라는 질문으로 바뀌었다. 그 작은 차이가 삶의 방향을 결정한다. 이제는 실패도 더 이상 두렵지 않다. 좌절은 배움의 과정일 뿐이다. 중요한 것은 포기하지 않고 계속 나아가는 것. 실패를 성장의 일부로 받아들이면, 그 경험이 더 큰 발판이 된다. 자기 확신이 쌓일수록 한계를 뛰어넘을 힘도 생긴다. 결국, 나를 믿는 순간 삶의 기회는 더 넓어지고, 도전은 두려움이 아니라 설렘이 된다. 자기 확신은 운명을 바꾸는 힘이다. 스스로를 믿고 행동할 때, 불가능해 보였던 것들이 현실이 된다.

아웃풋은 결과가 아니라 과정이다. 자기 확신에서 시작되며, 실천할 때 비로소 완성된다. 확신이 없으면 작은 도전도 쉽게 포기하게 된다. 타인의 기준에 맞추려다 제자리걸음을 하게 된다. 하지만 '할 수 있다'는 믿음을 가진 순간, 삶은 새로운 방향으로 나아간다. 내가 변화하면 내 삶도 변화한다. 결국, 자기 확신이 아웃풋을 만들고, 그 아웃풋이 또 다른 가능성을 이끌어 낸다. 확신을 가진 사람만이 끝까지 갈 수 있다. 끝까지 가는 사람만이 변화의 주인공이 된다.

# 4-8.

# 사소한 일을 위대하게

송진호

많은 사람들이 그렇듯, 나 역시 행복을 원한다. 그렇다면 행복
이란 무엇일까? 사람마다 그 정의는 다르겠지만, 내게 떠오른 답
은 의외로 간단했다. 나는 성장하고 있음을 느낄 때 행복하다. 과
거의 나보다 생각이 깊어지고, 더 마음에 드는 행동을 하게 되는
것. 그것이 나에게는 성장이다. 그리고 그 과정에서 느끼는 성취
감과 깨달음이 바로 내 행복의 원천이다. 나는 내 안에 잠든 잠재
력을 깨우고 싶었고, 큰 사람이 되고 싶었다. 세상에는 수많은 능
력과 부가 넘쳐 난다. 하지만 내 그릇이 간장 종지만 하다면, 아
무리 좋은 것들이 들어와도 결국 그 작은 그릇만큼만 담길 뿐, 나
머지는 넘쳐흘러 사라질 것이다. 큰 사람과 큰 그릇, 이 단어들은
오랫동안 내게 선망의 대상이었다. 청년 시절부터 나는 교회에서
은혜를 담는 커다란 그릇이 되게 해 달라고 기도해 왔다. 내 그릇
이 커야 더 많은 것을 담고, 누군가와 나눌 수 있을 것이라 믿었기
때문이다.

김승호 회장의 책에는 '수각이론'이라는 내용이 있다. 수각은 절에서 비가 오면 물을 받아 저장하기 위해 쓰는 돌그릇이다. 첫 번째 그릇에 물이 가득 차면 넘쳐흐른 물이 그 밑에 다른 돌그릇을 채우고, 그것이 다시 또 다른 그릇으로 흘러간다. 내 삶이 부와 풍요로 넘치면 그것을 나만 혼자 누리는 것이 아니라 다른 사람들에게도 자연스럽게 돌아가도록 해야 한다는 내용이다. 내가 먼저 부유함을 누리고, 넘치는 풍성함이 자연스레 주변 나의 소중한 사람들에게 흘러가기를 원한다. 나는 내 안의 거인을 깨우고 내 그릇을 넓혀서 더 큰 행복을 누리고, 나누고 싶다.

앞에서도 언급했지만, 변화는 날마다 하는 작은 것들에 달렸다. 혹자는 '먼지 같은 성공의 중요성'을 언급한다. 깨알 같은 성공이라도 계속해서 이어 나가라는 뜻이다. 근육을 키우기 위해 하루에 팔굽혀펴기 1,000번을 한번에 하는 것보다, 하루 10번씩 100일 동안 꾸준히 하는 것이 훨씬 효과적이다. 때로는 비상 모드를 켜고 전력 질주해야 할 순간도 있지만, 궁극적인 변화는 작은 실천을 꾸준히 이어 갈 때 찾아온다.

코끼리를 먹으려면 어떻게 해야 하는지 아는가? '갑자기 코끼리를 먹으라니, 무슨 얘기지?' 할지도 모르겠다. 코끼리라는 거대한 것을 먹어야 한다면 한번에 삼키려 들지 말고, 작게 나누어 한 조각씩 먹는 것부터 시작해야 한다는 뜻이다. 모든 목표는 잘게 나눌 때 비로소 이루기 쉬워진다. 작은 것부터 시작하고, 꾸준히 반복하는 과정을 통해 필요한 능력을 키워야 한다.

예를 들어, 하루에 책 10페이지를 읽어 보자. 감사 일기나 성공 일기를 한번 써 보는 것도 좋은 시작이 될 것이다. 이것은 아주 작은 변화처럼 보인다. 그 미묘한 각도의 차이가 결국 삶을 바꾸는 전환점이 될 수 있다. 실천이 쌓이면 경험이 되고, 성장이 되고, 시간이 지나면 연륜이 되고, 성숙함이 된다고 생각한다.

작은 실천으로 인한 변화와 성장은 나에게 더 큰 자신감을 느끼게 해 주었고, 오랫동안 생각만 해 왔던 이직을 실현하게 했다. 남들은 쉽게 하는 것이 이직이고 구직 활동일 수도 있다. 하지만 18년이라는 시간 동안 단 하루의 병가나 무단결근 없이 출근하고, 함께 성장해 왔던 탄탄한 직장을 40대 중후반의 나이에 떠나는 것은 나에게 큰 용기가 필요했다. 마치 커다란 산을 넘고, 넓은 벼랑을 뛰어넘는 듯한 기분이 들었다. 두려움과 갈등이 많았지만, 지금의 직장을 벗어나야 비로소 한층 더 성장할 수 있겠다고 느꼈다. 마음속에서 두려움과 공포가 끊임없이 솟아올랐지만, 결국 해야 할 일은 단 하나였다. 결심하고, 실행에 옮기는 것. 즉, 행동하는 것이다.

덴젤 워싱턴이 펜실베이니아 주립대학교 졸업식에서 한 연설이다.

> "한 번도 가져 본 적 없는 걸 갖고 싶다면, 한 번도 해 본 적 없는 것을 해야 한다."

이 연설을 하는 동영상을 보고 나는 이직을 결심했다. 밑이 보이지 않는 계단에서 발을 내딛는 것처럼 불안했지만, 결국 실행에 옮겼다. 이직 의사를 회사에 알린 후, 나는 스스로에게 다시 물었다. '정말 후회하지 않겠어?' 내 대답은 두려움보다 변화하고 싶은 마음이 더 크다는 것이었다. 새벽 기도에 참석했고, 기도가 끝난 후에는 계속 걸으며 생각을 정리했다. 그렇게 다짐을 확고히 했다. 첫 직장을 벗어나 사회에 내 가치를 평가받는 시기였다. 새 직장을 다시 구하기까지 오래 걸릴 수도 있을 거라고 생각했다. 그래서 느긋하게 마음을 먹고 인생의 첫 휴직기를 즐기기로 했다. 마음을 정하고 행동하자, 예상치 못한 길이 열리기 시작했다. 지인의 소개로 같은 계열의 더 좋은 직장으로 이직하게 되었고, 지금은 더 나은 조건에서 일하고 있다. 이 경험을 통해 나는 성장에 대한 확신과 자신감을 얻었다. 지금은 어려운 일이 생겨도 되도록 긍정적으로 받아들이고, 하나씩 해결해 나가려 노력한다.

매일 책을 읽고, 짧은 글을 쓰며, 새로운 도전을 위해 한 걸음을 내딛는 작은 실천들. 그 반복과 축적으로 인생의 변화를 만들어 냈다. 삶은 지금 하는 작은 선택과 행동들이 모여 이루어진다. 그 선택들이 시간이 지나면 당신을 더 크고 위대한 길로 이끌 수도 있다. 그러니 바로 오늘, 작은 변화를 시작해 보자.

읽고 싶었던 책의 첫 페이지를 여는 것. 운동을 시작하기 위해 단 한 걸음을 내디디는 것. 긍정의 말 한마디를 더해 보는 것. 이 작은 행동들이 내면에 잠든 가능성을 깨우고, 인생에 변화를 불러올 것이다. 변화를 지속하는 사람이 결국 위대함을 이룬다.

평범했던 내가 어떻게 변화했는지 말하고 싶은 내용은 이것이다.

가장 먼저, 목표를 정확히 설정해야 한다. 목표 없는 노력은, 아무리 열심히 노를 저어도 제자리만 맴도는 배와 같다. 그저 열심히만 살았던 나는 목표를 정한 후에야 비로소 제대로 살아가기 시작했다. 성공을 위해 가장 먼저 해야 할 일은, 이루고 싶은 것이 무엇인지 명확하게 정하는 것이라고 한다. 그래서 나는 지금도 이루고 싶은 것을 한 문장으로 적어서 아침저녁으로 보고, 읽는다.

그다음, 목표를 이루기 위해 쉽게 실천할 수 있는 작은 것부터 시작한다. 감사 일기를 쓰고, 운동하고, 책을 읽는 것처럼 사소하지만 꾸준히 할 수 있는 습관을 만드는 것이다. 날마다 반복하는 것이 결국 나를 만든다. 좋은 멘토와 롤 모델을 찾을 수 있다면 금상첨화다. 나는 책을 통해 롤 모델을 발견했고, 운 좋게도 뛰어난 멘토를 만났다. 서로에게 배울 것이 많은 좋은 사람들과 함께한 아웃풋 스쿨은 나를 더욱 성장하게 했다.

흔히 인생을 변화시키려면 '3간(間)'을 바꿔야 한다고 한다. '인간(人間), 공간(空間), 시간(時間)'이다. 내게 도움이 되는 사람을 만나고, 내가 머무는 공간을 정리하며, 내 시간을 가치 있는 행동으로 채운다면, 인생은 반드시 변한다. 변화는 하루아침에 이루어지지 않는다. 사소한 일을 위대하게 만드는 것은 꾸준한 반복과 태도다. 우리는 종종 거대한 목표 앞에서 압도되지만, 실상 가장 위대한 변화는 작은 행동의 반복에서 시작된다. 성장과 변화는 특별한 사람들만의 전유물이 아니다. 그것은 작은 습관을 지속하고, 꾸준히 실천하는 모든 사람이 이룰 수 있는 것이다.

우리 모두 작은 일에 대해서 흠잡을 데 없이 행동하고, 사소한 일을 위대하게 해내자!

## 4-9.

# 지금이 아웃풋을 시작할 시간

### 정주연

수많은 자기 계발서를 읽고, 유명한 강의를 찾아 들었다. 아이를 유치원에 보내고, 동네 엄마들과 커피 마시며 교육 정보를 주고받았다. 아는 것은 많아졌지만, 변한 것은 없었다. 변화는 배운 것을 실천해야 일어난다는 것을 아웃풋 스쿨을 통해 알게 되었다. 아웃풋이 있어야 진정한 성장을 할 수 있다.

지난 1년 동안 아웃풋 스쿨에서 다양한 방식으로 아웃풋 하는 방법들을 익혔다. 글쓰기, 발표하기, 피아노 연주하기 등 다양한 활동을 통해 배운 것을 기록하고, 실천했다. 처음엔 서툴렀지만, 시행착오를 거치며 점점 성장했다. 이제 삶의 곳곳에서 달라진 나를 발견한다.

우선, 일상이 달라졌다. TV를 보거나 무의미하게 시간을 보내는 대신, 아웃풋 스쿨 과제에 몰두한다. 자유 시간과 자투리 시간까지 활용하며 적극적으로 공부한다. 처음에는 형식에 맞추고 기한 내에 제출하는 데 급급했지만, 시간이 지나면서 나만의 방식대로 공부하는 것에 익숙해졌다. 배운 것을 자연스럽게 일상에 적용하는 여유가 생겼다.

예를 들어, 25분 집중하고 5분 휴식을 취하는 포모도로 기법을 활용해 집중력을 높였다. 미국 주식과 ETF 투자를 시작하면서 경제적 안목을 키우고, 남편과 함께 경제에 관한 대화를 나눈다. 최근엔 수시로 웃는 연습을 한다. 인상이 좋은 사람은 인생도 잘 풀린다는 말에 하루에 몇 번씩 웃는 연습을 한다. 작은 변화지만, 하루하루 긍정적으로 변하고 있다.

건강 관리도 달라졌다. 한때 건강에 자신 있었지만 육아하며 소홀해졌다. 체력이 약해지니 쉽게 지치고 인내심도 빨리 바닥났다. '건강이 전부다'라는 말을 온몸으로 실감하며 관리를 시작했다. 몸이 튼튼해야 마음 근육을 키우고, 자기 계발도 할 수 있다.

식습관을 바꿨다. 파스타 대신 샐러드를 먹는다. 군것질을 줄이고 계란, 닭가슴살 등 단백질을 챙겨 먹는다. 몸이 가벼워지고 속이 편안해졌다. 운동도 꾸준히 한다. 매일 계단을 오르고, 스쿼트나 홈트레이닝을 한다. 최근엔 골프에도 도전했다. 비싸고 어려워 멀리했던 운동이었지만, 포기하지 않고 꾸준히 연습하고 있다. 노력하면 반드시 성장한다는 걸 알기 때문이다.

가장 큰 변화는 내면이었다.

첫째, 나에 대한 믿음이 강해졌다. 마음먹으면 뭐든 해내는 나. 꾸준히 실천하며 성장하는 나. 실패해도 괜찮았고 힘들어도 버텨냈다. 예전에는 '내가 과연 할 수 있을까?'라는 생각을 먼저 했다면, 이제는 '나도 할 수 있다'라는 확신이 든다. 다양한 아웃풋 활동을 통해 내가 생각한 것보다 훨씬 더 많은 일을 할 수 있다는 걸 깨달았다.

둘째, 걱정이 줄었다. 과거에는 '이 일이 잘 안되면 어쩌지?'라며 뭔가를 시작하기 전에 미리 겁먹었다. 지금은 걱정보다 해결책을 먼저 고민한다. 당장 할 수 있는 일을 찾아 하나씩 실천하다 보면 두려움 대신 희망이 보였다.

셋째, 끈기가 생겼다. 포기하지 않는 한, 성장은 계속되었다. 예전에는 조금만 어려워도 쉽게 포기했지만, 피아노 연주회를 통해 끝까지 해내는 힘을 길렀다. 불가능하다고 여겼던 일들을 하나씩 해내면서, 쉽고 편한 일보다 어렵고 불편한 일들을 선택하는 용기가 생겼다.

아웃풋을 하면서 인생의 주인공이 나라는 사실을 깨달았다. 이제는 남의 평가보다 자신에게 인정받는 삶을 살려고 노력한다. 남이 나를 어떻게 볼지 신경 쓰기보단, 소신껏 말하고 당당하게 행동한다. 삶에 대한 시선도 달라졌다. 예전에는 좋은 집이나 멋진 직업이 있어야 성공한 삶이라고 생각했다. 그래서 경력 단절과 전업주부라는 현실이 실패처럼 와 닿았다. 하지만 이제는 같은 상황도 어떻게 바라보느냐에 따라 다르게 다가온다는 걸 알게되었다. 여전히 전업주부이지만, 더 이상 불행하지 않다. 오히려 가족을 직접 돌볼 수 있고, 내 시간을 가질 수 있다는 점에 감사하다. 당연하게 여겼던 일들이 소중해졌고, 사소한 것에서도 행복을 찾게 된다.

아이 교육 역시 마찬가지다. 예전에는 정답이 있는 줄 알았다. 유명한 교육법, 아이를 잘 키운 부모의 로드맵을 따라가야 아이가 잘 클 거라고 생각했다. 하지만 경험을 통해 알게 되었다. 모든 아이는 다르고, 아이에게 맞는 방식도 제각각이라는 것을 말이다. 내 아이를 잘 아는 것은 엄마인 나뿐이었다. 남의 조언과 평가에 휘둘리는 대신, 아이가 좋아하고 잘하는 것을 관찰하여 아이의 기질과 장점을 키워 주려고 한다. 내가 내 속도대로 성장하듯, 아이도 자신의 속도대로 성장하는 것을 존중한다. 내가 시행착오를 겪으며 아웃풋 하는 것처럼, 아이도 그렇게 성장해 가기를 응원하고 있다.

아웃풋은 특별한 사람만이 할 수 있는 것이 아니다. 누구나 할 수 있고, 지금 시작하면 된다. 처음엔 어색하고 서툴지만, 작은 행동들이 쌓이면 어느새 달라진 자신을 발견할 수 있다.

지금 당장 관심이 있는 분야에서 할 만한 일들을 찾아본다. 하고 싶은 일이 떠오르지 않는다면 매일 5분 글쓰기나 책을 읽고 한 줄 요약하기도 좋다. 오늘 배운 것을 정리하는 것만으로도 변화는 시작된다. 시간이 없다고 느껴지면 일상의 작은 시간을 활용하면 좋다. 나는 아이를 기다리거나 이동하는 시간도 활용한다. 완벽해야 할 것 같다면, 처음부터 잘하는 사람이 없다는 걸 떠올린다. 일단 시작하는 것이 중요하다.

나 역시 작은 아웃풋들로 시작했다. 책을 읽고, 운동을 하고, 감사 일기를 썼다. 분량이나 시간에 얽매이지 않고, 조금씩이라도 꾸준히 반복했다. 책을 읽고 밑줄 그으며 책 모서리에 생각을 적었고, 유튜브에서 5분 운동을 찾아 따라 했다. 하루를 돌아보며 '무탈해서 감사하다'는 소소한 기록을 남겼다. 무리되지 않는 선에서 내가 할 수 있는 만큼만 시작했다. 그리고 차츰 역량을 늘려 나갔다. 지금은 블로그에 글을 쓰고, 하루에 30분 이상 운동을 하며,

감사 일기와 성공 일기를 작성한다. 꾸준히 글을 쓴 덕분에 공저 책 집필에도 참여할 수 있었다.

삶은 언제나 예측할 수 없고, 완벽하게 준비할 수 없다. 내가 어떻게 살아가고 싶은지, 어떠한 사람이 되고 싶은지 내 안에 있던 답들을 찾아 하나씩 실현해야 한다. 그래야 기회가 왔을 때 잡을 수 있다.

나는 건강하게 생활하고, 배움을 통해 계속 성장하며, 가진 걸 베풀고 감사함을 느끼는 사람. 아이에게 본보기가 되는 엄마, 그리고 언젠가는 세상에 선한 영향을 주는 사업가가 되고 싶다.

최근에 아웃풋 스쿨에서 AI와 챗봇 공부를 하고 있다. IT 직종에 일했었지만, 경력 단절 후 다시 시작하기가 쉽지 않았다. 인공지능은 다뤄 보지 않은 분야라 낯설었지만, 관심이 생긴 만큼 깊이 있게 공부하고 싶어졌다. 사업가가 되고 싶은 목표가 생겼기 때문이다.

이제는 '내가 할 수 있을까?'가 아니라 '어떻게 해야 잘할 수 있을까?'를 고민한다. AI 지도사 자격증을 준비하고 다양한 툴을 사용하며 실무 감각을 익혀 가고 있다. 적극적인 행동을 통해 다시 한번 내 커리어를 만들고자 한다.

내가 변해야 세상이 달라진다. 그 변화는 작은 아웃풋에서 시작된다. 아웃풋은 삶을 변화시키는 원동력이었다. 변화의 비밀은 꾸준한 실천에 있다. 어려웠던 일들이 쉬워지고, 어제보다 나은 오늘의 내가 된다.

오늘의 작은 아웃풋이 내일의 나를 바꾼다. 멈추지 않고 나아가는 한 성장도, 변화도 계속될 것이다. 망설이지 말고 지금 바로

시작하기를 바란다. 숨겨진 기회를 발견하는 순간, 당신의 가능
성은 더욱 빛날 것이다.

## 4-10.

# 무너진 자리에서 다시 피어나기

최유라

"너 진짜 죽고 싶냐?"

화장대 거울을 보며, 내가 나에게 물었다. 그 누구보다 자신을 혹독하게 몰아붙이고 다그치며 살았다. 걸핏하면 세상에서 사라지고 싶다며 죽고 싶다는 말을 아무렇지 않게 했던 나이다. 잘하는 것도, 내세울 것도 없다. 내가 원하는 삶을 지금의 나로는 이룰 수 없을 것 같다. 악을 질렀다. 눈물이 난다.

"나도 한 번쯤은 잘 살아 보고 싶다고!"

갑자기 내뱉어진 말에 나도 놀랐다. 죽고 싶다는 표면적인 말속에 숨겨진 진심, 누구보다 잘살고 싶다는 마음이었다. 내 자신이 만족할 수 있는 삶을 간절히 바라고 있었다. 진심을 깨닫고 나니, 무언가 노력이라도 해 봐야겠다는 생각이 들었다. 나보다 앞서 성공한 사람들의 말을 불평불만 없이 받아들이고, 그들이 권하는 방식을 무조건 따라 하기로 마음먹었다. 작은 것이라도 시작해 보기로 했다.

처음 가입한 자기 계발 커뮤니티에서는 아침형 인간에 대한 강조를 많이 했다. 새벽 5시에 일어나는 것이 기본이었다. 4시 30분부터 5시까지 10분 간격으로 알람을 맞췄다. 5시 알람이 울리고 나서야 겨우 일어나 책상으로 가서 책을 펼쳤다. 책을 읽는 것인지 앉아서 졸고 있는 것인지 모를 정도였다. 읽은 곳을 읽고 또 읽고. 결국 다시 침대에 들어가서 잠을 청했다. 독서는 안 될 것 같아 걸으러 나갔다. 걸으면서도 잠이 쏟아졌다. 5시에 일어나려면 일찍 자야 하는데, 일찍 잠이 올 리가 없었다. 2주 정도만 버티면 괜찮아진다는 말에 2주를 버티고 3주를 버텨도 괜찮아질 기미가 없었다. 한 달 정도 되니 잠을 깊이 잘 수 없는 나는 갈수록 예민해졌고, 회사에서는 잠이 쏟아졌다. 무엇보다 눈은 가뭄이 든 것처럼 건조하고 시렸다. 남들은 적응도 잘하고 운동, 독서 등을 하며 활력 있게 보내는데, 나만 뒤처지는 것 같았다. 그렇게 나의 첫 아침형 인간에 대한 도전이 실패로 끝났다. 그 후 아웃풋 스쿨에서 새벽 기상을 여러 번 도전했지만, 그때마다 실패했다. 이 과정에서 절실히 깨달은 한 가지는, 나는 올빼미형 인간이라는 것이었다. 아침잠이 많고, 잠을 안 자고 늦은 시간까지 하는 것은 덜 피곤해했다. 오히려 9시가 넘어가면 정신이 더 맑아지기도 했다. 모든 사람이 똑같은 방식으로 성공하지 않는다는 것도 알게 되었다. 그 이후 아침형 인간이 되고 싶은 마음과 의지는 눈 녹듯 사라졌다. 남들이 아무리 성공의 조건으로 아침형 인간을 말한다고 해도 이제는 내 것이 아님을 안다. 내가 어떤 유형의 사람인지 알고 있기 때문이다.

나는 단계를 거쳐서 실천해야 하는 사람이다. '커피를 끊는다'라는 목표를 세우면 누군가는 오늘부터 바로 커피를 마시지 않는다. 하지만 나의 경우는 단계를 밟아 가면서 시도해야 한다. 너무 과한 목표는 쉽게 지치게 만들어 포기해 버리기 때문이다. 1단계, 단맛이 나는 커피를 끊는다. 2단계, 라테를 주 3회만 마신다. 3단계, 라테를 끊고 아메리카노만 마신다. 4단계, 아메리카노를 주 2~3회만 마신다. 5단계, 커피를 완전히 끊는다. 이런 식으로 단계를 거치며 차츰차츰 끊었다. '제자리 뛰기 기법'이라 이름 붙였다. 제자리에서 폴짝폴짝 여러 번을 뛰어 점프에 성공하는 것이다. 한 단계 성공을 맛보면 자신감이 붙어 더 열심히 하게 된다. 목표는 작아 보이지만 매일 성공하는 사람이 될 수 있다. 다이어트할 때도 마찬가지다. 몸에 좋은 음식들을 언제나 꺼내 먹을 수 있도록 냉장고 안을 채우고 시작한다. 준비도 없이 시작한 극단적인 다이어트는 보상 심리만 커져 오히려 역효과를 불러일으킨다. 성공 방법은 모두가 다르기에 자신만의 방법을 찾아야 한다. 내가 나를 정확하게 파악하기 전까지 남들이 하는 방법을 따라 해 보는 것도 좋다. 머리로 생각하는 것과 실제로 했을 때의 결과는 다를 수 있기에, 여러 가지를 시도해 보며 자신에게 맞는 방법을 찾아야 한다.

시작하면 무엇이든 끝까지 해내는 법이 없던 나는 '포기'라는 단어의 의미를 바꿨다. 오늘 못 했으면 내일 하고, 내일 못 하면 모레 한다. 이런 식으로 마음먹으니 하루, 이틀 핑계 대며 미루는 내 모습이 싫어 결국 시작하게 된다. 시작했으면 무조건 하고, 좋은 습관은 평생 실천할 생각이다. 이렇게 마음먹으니, 중간에 멈추더라도 언제든 다시 시작할 수 있는 사람이라는 확신이 든다. 처음부터 큰 목표를 잡지 않는다. 3분을 목표로 정한다. 3분을 하다 보면 어느덧 30분을 하게 되는 날이 온다. 이제 더 이상 도중에 포기하는 사람이 아니다. 못하더라도 꾸준히 하고, 그만두더라도 다시 도전한다. 단어의 의미만 살짝 바꿔 생각하니 삶의 태도가 달라졌다.

사람은 고쳐지지 않는다고 생각했는데, 지금의 나를 보면 그 말이 꼭 맞는 말도 아닌 것 같다. 마음먹기에 따라 다른 것 같다. 얼마나 변화하고 싶은지, 얼마나 노력하는지, 어떤 마음으로 행하는지에 따라 결과는 좌우된다고 믿는다. 많이 변화하고 싶고 노력은 적게 하고 싶은 마음이 들 때가 있다. 노력하며 살고 있지만 변화는 적은 것 같아 속상한 적도 많다. 그럴 때면 빚코치는 항상 도둑놈 심보라며, 변하고 싶으면 본인만큼 하고 불평하라고 했다. 쓸데없는 속상함을 버리고 다시 또 희망을 얻는다. 꾸준히 하면 무조건 변하게 되어 있으니 남과 비교하지 말고, 조바심 내지 말자며 나 자신을 다독인다. 이런 생각을 하는 내가 아직도 놀랍다. 어느 때보다 마음이 편하다. '이렇게 편해도 되는 건가' 하는 불안이 올라오기도 한다. 마음이 편해 본 적이 없기에 지금의 느낌이 어색하고 낯선 것이다. 낯선 편안함을 즐기는 중이다.

인생의 힘든 순간들을 몇 차례 겪으며 알게 된 진실 한 가지는, 영원한 고통은 없다는 것이다. 시간은 무조건 흘러가고, 기억이 점점 희미해지며 슬픔도 기쁨도 잊혀진다. 말처럼 쉽게 죽지 않았고, 불행 중 다행으로 언제나 매일 어김없이 찾아오는 것이 있다면 바로 '오늘'이라는 단 하루의 삶이었다. 먼 미래를 생각하지 않고 지금 당장, 오늘만 바꿔 보자고 생각하면 많이 어렵지 않았다. 그저 오늘 하루만 생각하며 책을 읽고, 아웃풋 미션을 하고 하루의 일과를 성실히 했다. 그렇게 쌓인 하루하루가 모여 과거와는 다른 생각을 가지게 되었다. 자신을 인정하게 되니 자연스럽게 자존감도 높아지고, 나를 사랑하는 마음이 생겼다. 그 결과 타인과의 관계에서도 감정에 휘둘리는 일이 줄어들었고, 차분하고 이성적으로 소통할 수 있게 되었다. '티끌 모아 태산'이라는 말처럼, 작은 노력이 쌓여 어느새 눈에 띄는 성과로 돌아오고 있다. 지금 내가 느끼는 이 감정을, 각자가 자신만의 방법과 경험으로 느낄 수 있으면 좋겠다.

"그저 첫 발걸음을 떼면 됩니다. 계단 전체를 올려다볼 필요도 없습니다. 그저 첫 발걸음만 떼면 됩니다."라는 마틴 루터 킹의 말처럼, 첫 발걸음의 시작은 오늘이다. 지금 바로 시작한다면 어제와는 다른, 내가 원하는 미래 나의 모습을 만들 수 있다. 어제의 모습과 생각은 중요하지 않다. 앞으로 만들어 갈 나의 모습과 생각이 중요하다. 지금의 나를 그대로 받아들이고 인정하자. 자신을 인정하며 내딛는 한 걸음 한 걸음은 더 멋진 내일을 만들어 가는 힘이 된다.

매일 밤 나를 다독이며 작은 위로를 건넨다. 양손을 가슴 위에 포개고 어깨를 가만히 토닥이며 말한다.

"괜찮아. 괜찮아. 다 괜찮아. 오늘도 정말 수고 많았어."

지금, 이 순간의 나를 응원하며, 우리의 모든 발걸음이 더 의미 있는 내일, 빛나는 미래로 이어지길 진심으로 응원한다.

## 강단교

변화는 보이지 않는 곳에서 시작됩니다. 아무리 노력해도 결과가 보이지 않아 답답할 때도 있고, 다른 사람과 비교하며 부족한 부분에 집중하다 보면 좌절하기도 합니다. 조급해하지 않았으면 좋겠습니다. 무너지고 다시 일어나며 깨달은 것이 있다면, 실패는 끝이 아니라 새로운 시작이라는 것입니다. 실패를 통해 배우고 한 걸음 더 나아갈 때, 성장할 수 있습니다. 도전의 힘을 믿습니다. 아웃풋을 향한 도전을 진심으로 응원합니다. 다시 일어설 힘을 실어 준 〈빛소영 아웃풋 스쿨〉의 빛소영 코치님과 가족 같은 멤버들, 고맙습니다. 곁에서 아낌없이 응원해 주시는 어머니, 사랑합니다.

## 김은진

　　배운 것을 그대로 두기보다, 삶 속에서 실천하며 변화를 만들어 가야 합니다. 아웃풋이란, 단순한 결과가 아니라 우리의 성장과 발전을 보여 주는 증거입니다. 책을 읽고, 배움을 얻었다면 이제는 그것을 나누고 적용할 때입니다. 작은 행동 하나라도 실천한다면 더 나은 나 자신을 만들어 갈 수 있습니다. 포기하지 않고 계속 나아가는 것을 응원합니다. 꾸준히 배우고, 기록하고, 성장하는 길 위에서 우리는 분명 더 빛나는 존재가 될 것입니다.

## 김체원

　　작가들의 인생에서 살아갈 희망을 얻었습니다. 나에게 들려주고 싶은 문장을 책 속에서 만났습니다. 그 감동이 나를 일으켜 주었습니다. 글쓰기를 통해 치유하고 회복할 수 있었습니다. 변화하기 위한 길은 거창하지 않습니다. 절망 속에서 빛을 찾았듯이, 나의 경험이 힘들어하는 누군가에게 조금이나마 위로가 되고 희망이 될 수 있다면 그보다 기쁜 일은 없을 것 같습니다. 아웃풋은 우리의 삶을 움직이는 힘입니다. 지금 이 순간, 내면의 목소리에 귀 기울이고 충만한 삶을 향해 한 걸음을 내딛어 보세요.

## 다감

자신의 이름 위에 새로운 타이틀이 더해질 때, 우리는 그 무게를 실감합니다. '엄마'라는 타이틀로 자신의 이름이 가려지는 것이 아닙니다. 아웃풋을 통해 나 자신을 되찾았고, 성장하는 기쁨이 무엇인지 알게 되었습니다. 생각에 머무르던 제가 행동하며 변화를 만들어 가는 사람이 될 수 있었던 것은 달라지고 싶다는 작은 마음이 시작이었습니다. 이 책이 당신의 시작이 되길 바랍니다. 어제와 다른 오늘을 원한다면, 이제는 어제와 다른 행동을 할 때입니다. 현재를 바꿀 힘은 이미 당신 안에 있습니다.

## 박혜연

우리는 모두 삶의 어느 순간에서 길을 잃고 방황하지만, 그 과정에서도 변화와 성장은 멈추지 않습니다. 때로는 슬픔과 혼란이 우리를 움츠러들게 하지만, 그 순간에 독서와 기록 그리고 작은 아웃풋의 실천이 내면을 단단하게 만들어 줍니다. 한 걸음씩 쌓아 가는 과정이 결국 더 나은 삶을 향한 길을 만들어 주듯이, 지금 시작하는 작은 실천이 언젠가 큰 변화를 끌어낼 것입니다. 사랑하는 사람들과 함께 성장하며 용기를 내어 도전하고 더 단단한 나를 향해 나아가길 응원합니다. 언제나 제 곁에서 묵묵히 응원해 준 남편에게, 그리고 저를 엄마로서, 그리고 한 사람으로서 성장하게 해 준 사랑하는 두 딸에게 깊은 감사를 전합니다.

## 빛소영

　　인생은 때로 거친 파도에 흔들리기도 하지만, 다시 일어설 힘은 언제나 당신 안에 있습니다. 이 책이 그 힘을 깨우는 불씨가 되어 당신의 마음속에 타오르길 바랍니다. 넘어져도 괜찮습니다. 중요한 건 다시 일어서는 용기입니다. 공저에 함께해 준 자신업 멤버분들과 〈빛소영 아웃풋 스쿨〉의 모든 분들께 진심으로 감사드립니다. 마지막으로, 제가 이 자리에 설 수 있도록 한결같은 사랑으로 보살펴 주시고, 제 모든 선택을 믿고 지지해 주신 부모님께 가슴 깊이 감사드립니다.

## 사인영

　　책을 완성하는 과정은 제 자신을 돌아보고 성장하는 여정이었습니다. 이 길을 함께해 준 소중한 분들께 깊이 감사드립니다. 늘 든든한 버팀목이 되어 주신 부모님, 묵묵히 응원해 준 남편, 그리고 제 성장을 함께해 준 두 아들. 가족의 사랑과 지지가 있었기에 여기까지 올 수 있었습니다. 혼자였다면 결코 쉽지 않았을 길을 함께 걸어 준 아웃풋 스쿨팀에게도 진심으로 감사드립니다. 아웃풋은 성장의 시작입니다. 이 책이 여러분의 아웃풋을 위한 작은 응원이 되기를 바랍니다.

## 송진호

몇 달 전, 직장에 출근해서 어느 때처럼 명상하던 중 문득, 내 안의 거인이 성장했음을 느꼈습니다. 직관과 느낌으로 알게 된 것이기에 뭐라 설명할 수 없고, 지금 당장 구체적인 결과를 보여 줄 수도 없습니다. 하지만 나의 일상에서 성장한 모습은 분명히 드러날 것입니다. 각자 자신의 성장을 믿고 한 걸음씩 나아간다면, 분명 놀라운 변화를 마주하게 될 것입니다. 끝까지 자신을 신뢰하며, 앞으로 나아가길 진심으로 응원합니다! 그리고 이 모든 과정에서 한결같이 곁을 지켜 준 나의 아내, 지금 씩씩하게 군 복무 중인 든든하고 기특한 아들에게 고마움과 사랑을 전합니다.

## 정주언

제 글이 책이 되어 세상에 나왔습니다. 막연했던 꿈이 현실이 될 수 있었던 건, 꾸준한 아웃풋 덕분이라 생각합니다. 아웃풋은 작은 실천을 통해 나를 성장시키는 과정입니다. 처음에는 낯설고 어렵지만, 지속하다 보면 어느새 변화를 이루게 됩니다. 이 책을 읽는 분들도 자신만의 방식으로 아웃풋을 실천하며 원하는 삶을 향해 한 걸음씩 나아가시길 바랍니다. 마지막으로, 함께해 준 빛코치님과 아웃풋 스쿨 멤버분들, 그리고 글쓰기에 집중할 수 있도록 응원해 준 신랑과 주영에게 진심으로 감사드립니다.

## 최유라

생각만으로는 아무것도 달라지지 않습니다. 변화는 거창한 결심에서 시작되는 것이 아니라 지금 이 순간 내가 할 수 있는 작은 실천에서 시작됩니다. 아주 작은 것부터 시작해 보세요. 책 한 페이지를 읽고, 감사의 말을 하나 적고, 스스로에게 다정한 한 마디를 건네 보세요. '완벽하게 잘해야 한다'라는 부담감을 내려놓고, 그냥 해 보는 것입니다. 실패해도 괜찮고, 잠시 멈춰도 좋습니다. 중요한 건 다시 시작하는 힘입니다. 자신을 믿어 주세요. 우리의 모든 내일이 더 단단하고, 더욱 빛나기를 진심으로 바랍니다.